社区生活

社区交际与活动

林　昱　编著

上海科学技术文献出版社

图书在版编目（CIP）数据

社区交际与活动 / 林昱编著 . —上海：上海科学技术文献出版社，2013.1
ISBN 978-7-5439-5630-8

Ⅰ . ①社… Ⅱ . ①林… Ⅲ . ①社区—人际关系学—通俗读物 Ⅳ . ① C912.1-49

中国版本图书馆 CIP 数据核字（2012）第 280807 号

责任编辑：张 树
封面设计：钱 祯

社区交际与活动
林 昱 编著
*
上海科学技术文献出版社出版发行
（上海市长乐路 746 号 邮政编码 200040）
全国新华书店经销
常熟市文化印刷有限公司印刷
*
开本 650 × 900 1/16 印张 16 字数 198 000
2013 年 1 月第 1 版 2013 年 1 月第 1 次印刷
ISBN 978-7-5439-5630-8
定价：25.00 元
http://www.sstlp.com

contents >>

目录

chapter 1 >>

第一章 建立社区和谐人际交往关系

世界卫生组织于1974年集合社区卫生护理界的专家,共同界定适用于社区卫生作用的社区(community)定义:“社区是指一固定的地理区域范围内的社会团体,其成员有着共同的兴趣,彼此认识且互相来往,行使社会功能,创造社会规范,形成特有的价值体系和社会福利事业。每个成员均经由家庭、近邻、社区而融入更大的社区。”由此可见,形成社区的四个要素包括:

人民:社区由人所组成。不论何种类型之社区,因人聚集与互动,方能满足彼此的需求。但人数多少才能形成一个社区,目前并无定论。社区太大、人数过多,将使彼此互动困难;但人数太少就不一定可能形成利益互惠与生活维持的团体。

地方或地理疆界:以地理的范围来界定社区的大小疆界是一般人最能接受的对社区的定义。但是,并非所有的社区都有明确的地理划分。

社会互动:社区内居民由于生活所需彼此产生互动,特别是互赖与竞争关系。如社区居民的食、衣、住、行、育、乐皆需与他人共同完成。因此,相关的经济、交通、娱乐等系统即因此而形成。社区经由不同的社会系统发挥功能,满足居民生活必需,建立社区规范。

社区认同:社区居民习惯以社区的名义与其他社区的居民

沟通,并在自己的社区内互动。同时社区居民形成一种社区防卫系统,居民产生明确“归属感”及“社区情结”。

综上所述,社区通常指以一定地理区域为基础的社会群体。

人际交往,则是一个古老而年轻的概念。说它古老,是因为自人类产生之日起,人们就开始感知它的存在。一个古代的阿拉伯哲人就曾经形象地描述过交往的重要性。他说一个不会交往的人,犹如陆地上的船,永远不会漂流到人生的大海中去。说它年轻,是因为随着社会的文明和进步,人们对人际交往的要求越来越高,科学文化的发展,又使科学地研究人际交往成为可能。

一般人际交往的活动范围包括亲情,以血缘或姻缘为基础的交往;爱情,以繁衍需要为基础的交往;友情,以精神需要为基础的交往;同情,以职业需要为基础的交往;公情,以公共需要为基础的交往。

中国古代讲求夫妇、父子、兄弟、君臣、朋友五伦,所谓五伦之外无人情。父子有亲,君臣有义,夫妇有别,兄弟有悌,朋友有信,陌路有交。

人际交往不仅是维护和发展人与人之间的纽带,而且也是形成社会舆论、时尚、风气等社会心理的前提,同时也是个体心理正常发展的基础和必要条件。正是由于人们不断地进行人际交往,传播社会思想,吸收有关信息,才使个体心理由低级向高级发展。简单地说,人际交往的定义是人们在社会活动中,运用语言符号系统和非语言符号系统相互之间交流信息和沟通感情的过程。

■ 第一节　中国邻里交往关系现状

数据调查表明:

55.5%的市民不知道邻居户主的工作单位;

42%的市民不知道邻居户主的名字;

33.3%的市民不知道邻居家庭有几口人;

10%的市民根本就不认识自己的邻居。

在这样的人际交往缺乏的社区里,居民对社区的认同感也会降低,从而导致社区内联系的减弱,居民缺乏安全感与归属感。

伴随时代的发展,城市化水平的提高,曾经人类仅仅为遮风避雨、抵御外界侵害而聚居在一起的茅草屋群,则逐渐演变成一个个环境优美,居住宽松舒适的现代化居住区。现代社会的急剧变化,从根本上改变了都市传统邻里关系。

在早期居住环境中,室内交往空间随着人们的居住行为和交往行为发展起来,北京传统民居中的四合院、福建的土楼以及我国特有的里弄街巷弥漫的浓郁人情味,就很好地体现了交往空间中的人居文明。这些交往空间的出现,不仅维持了居民正常的生活机能,还满足了人在无意识中的社会需求。

古代西方公共建筑中的神庙、殿堂、广场等满足人们集会、祭祀、观演、庆典和商贸需求的大型空间,也作为室内交往空间的初级形式出现,迎合了不同时期不同民众的交往需求。

这些早期的交往空间随着文化、种族以及个人状况等因素的不同和人类社会同步发展,满足了个体在不同时期和不同社会环境下的公共需求,使交往行为由社会心理学中所谓的小群生态,即三五成群、三三两两的交流沟通,逐渐发展成城市意向中的活动体系,为文明的发展与流通大开方便之门,也为人们在社会交往范围内的成功奠定了基础。

但当人们的生活越来越好,环境越来越美时,似乎也渐渐远离了彼此。人们被包裹在钢筋混凝土的外衣下,用一面面墙把自己隔离起来。原始时期一起打猎一起战斗一起分享的邻里逐渐演变成了“老死不相往来”，人们都在疑惑，为什么居住条件越来越好，而我们越来越孤独。大家同住一个小区，甚至同一个单元，门对门但彼此却成了“最熟悉的陌生人”。近来，由于淡漠的邻里关系所带来的种种社会问题，使得人们不得不重新审视邻里关系。

如果没有一定的、健康的户外活动，最低程度的接触就不会出现。介于个人活动与群体活动之间的各种形式也会销声匿迹。孤独与交际之间的界限变得更加明确。人们要么老死不相往来，要么只是在不得已时才有所接触。

户外活动使人与人之间走得更近，因为大家即使不是直接的同事也是同一个系统里面的。但福利分房的时期结束后，伴随着商品房的发展，新建居住区的人口则来自各行各业，人员组成混杂，住户彼此间的陌生，加之这些居住区多以集合住宅为主。

集合住宅的特性就是密度大、住户多，尤其高层住宅，比多层密度大，拥挤情况严重，则大多数人选择了回避社会交往。另一方面，高层住宅的形式使居民地面活动的内容、方式、时间与机会都较多层住宅少得多，于是居民的隔离感就更加明显。

而在国外，社区之间又是怎样鼓励居民交往的呢？

主要指导思想有两点：一、共享思想；二、共同参与思想。

比如，每幢住宅由六户人家组成，每户都有完备的住宅空间，另外六家又共同拥有一间大的活动室和厨房。这一方法有助于在确保私密性的基础上，使人们共享一些公共空间和公共设施，以方便住户间的交往。此外，大家共同享用一个大的社区公共屋，公共屋内设置了餐厅、厨房、储藏室、壁炉室和电脑房等，人们在这里可以从事很多日常活动，共享很多设施。同时在社区室外开辟果园和农田，鼓励人们亲手耕作，这样在劳作的过程中增加了人与人之间的交往。

丹麦的“太阳与风”社区则强调共同参与。该社区的建设一开始就由居民自发讨论商议,在以后的规划和设计以及入住后的管理中,居民也始终参与。这样自始至终的参与使邻里之间交往亲密,令整个社区富有人情味。

社区活动的功能设置如今大致包括儿童游戏(儿童室外游戏场);健身(成年人体育健身活动中心和交流空间);老年活动中心(老年人活动场地);棋牌室;住区公共活动场地;共享的果园、菜园、花园;住区餐厅等。当人们有兴趣进行各种活动时,就能在活动中接触,引发各种有益的交往,逐渐令人们形成社区感。

一个社区不是简单地为人们创造一个聚居的环境和空间,而是要为人们提供一个物质的和精神的理想家园。掌握社区和谐人际关系技巧,就能创建良好的人与人和人与环境的对话交流机制,真正实现居住和谐和整个社区和谐。

社区聊天守则

1. 与时俱进,跟上时事:可以聊当下发生的新闻、(流行的)运动、社区或者政治(政治话题要避免选择很有争议的内容,那样也许会引发太过激烈的辩论)。

2. 适度的赞扬对方的衣服或者小装饰品:可以问对方是哪儿买的,为什么买呀之类的。你和不熟悉的人聊天,一定要善于观察。

3. 善于倾听:在聊天时,要时刻表现出对对方话题的关注和兴趣。举个例子吧,如果对方说“它们简直太棒了”,你就接着问“为什么?”或者问“到哪儿才能尝试一下这些很棒的东西……”如果对方说很累,同样的就“累”这个话题发挥下去。请记住,成功的闲聊和建立好的关系其实很简单,没你想的那么遥不可及。

4. 和对方分享你的经历:可以分享生活中的一些琐碎小事,例如丢了钥匙，捡到了10元钱，又或者是最近发现一个很好的新餐馆，或新CD之类的事情……

5. 问对方近期看了什么电影或读了什么书：也许你听到这个问题的瞬间，觉得对方很做作，可接下来关于书的话题却会让你们俩都意犹未尽，十分开心。所以，闲聊，也需要尝试更多新的话题。

6. 一起聊聊电视吧：和对方分享你最喜欢的电视节目，谈论一些流行的文化也是既轻松又有趣的话题。

7. 聊聊以前你们聊过的事：问问对方的儿子是不是还病着？海南岛假日是怎么过的？如果你的记性够好，那么也可以让聊天变得更简单。

8. 问些开放性的问题：例如，"你好吗？"就是一个闭合性问题，这个问题不可能让对方有机会说更多的内容。但是如果你将问题设置成开放性的就有效得多，如"你的____到底怎么了？"；"你(____可以是工作相关，家庭问题，理财投资等等)处理得怎么样了？"记住，任何事情都可以成为潜在的话题。你甚至可以告诉对方你不太擅长与人闲聊，你也可以问问对方是怎么能做得这么好的呢？

9. 放松：享受聊天的过程，每个人都是很有趣的个体。如果你综合以上的小贴士，并充满兴趣的与别人聊天，那么你离成功已经不远了。

10. 顺其自然：如果你们的对话感觉像是硬要把钢琴推到山顶那么艰难，那么也许是时候进行新的话题，或者就稍微停一停，暂时什么都别说了。毕竟你不可能和每个人都聊得那么顺畅和开心。

第二节　社区人际关系的意义

人际关系发展的两大基本原则是情感原则：满足需要的对象物——交往对象本身，如家庭、夫妻、恋人；理智原则：满足需要的对象物——交往对象以外利益，如朋友、同事、路人、邻居。

社区人际关系的定义是，社区成员为了满足公共需要，通过交往和相互作用而形成的社区成员之间的直接的心理关系。其中，公共交往是社区人际关系形成、发展的基础；公共需要是社区人际关系的动力。发展变化取决于双方需要的满足程度，好感和信任则是社区人际关系的纽带。

社区人际关系分为四个心理层次：

1. 认识相熟关系：即居民相互之间有印象；
2. 从生理角度了解，比如知道对方的长相外貌、衣着；
3. 从社会性角度了解，比如知道对方的家庭关系、职业、社会背景；
4. 从精神角度了解，比如知道对方的思想、情感、精神世界。

心理层次决定关系性质：从善意对视、相互招呼到礼节互换、社区参与；再到行为互助关系，即居民之间有满足需要的互动行为，相互帮助，相互帮忙救急解难。最后产生情感依赖关系，即居民之间在互不见面时，也能互相记挂，并有互相依归的共同体认。对方所带来的物质、精神和活动能满足自己的需要，产生积极体验。

社区人际关系的社会意义是——和谐社会的基础。

"和谐"为"和而不同"、"致中和"，城市社区居民在保持自己的生活个性与自由空间的同时，又能够在一定地域内，保持感情互动和交流，担负共同的责任，形成共同的文化意识，这正是城市社区人际关系的理想境界。孟子说："天时不如地利，地利不如人和。"我国城市社区和谐的人际关系并不是一般的"人和"，而是在"天时"与"地利"基础上的"人和"。所谓天时，就是我国城市的市场化发展、社区发展都处在方兴未艾、大展宏图的有利时机；"地利"，就是城市现代化的加速进展所带来的社区环境的优化，在这种特定的时空条件下，"人和"有着独特的内涵，已经不是传统的"和为贵"所能容纳的了。

社区人际关系的个体意义是——有效整合资源，满足公共需要。

人离开社会是不能独立存在的。生活在一个社会群体之中的个体，总会与社会产生广泛的接触，同他人建立各种各样的联系，产生人际关系。社区人际关系是成人的基础之一。好人的本质是一切良好社会关系的总和。人具有社会性，要求人进行交往。生活成功需要社区其他成员支持，机会导致成功，成功带来更多机会。反之，没有机会就难以成功，不成功便更没有机会。如果人际关系良好，就会赢得各方面的支持，得到别人提供的各种机会。机会来源于他人，生活要素来源于他人，他人本来就是资源。

案例：

几乎每一个到某小区租房子的人都会找于小姐帮忙，为什么呢？原因就在于于小姐和大门口的警卫关系搞得特别好。

大门口的警卫等于是小区的一扇窗口，每次有人要租房子，第一个就是问他们："这里有没有人要出租房子？价钱多少？"

只要有人向这些警卫问询一些消息，警卫每一次的回答都是："你去问问那个住在八楼的于小姐，她有很多信息，你就不需要再去找其他中介了！"结果那位于小姐在大楼里住了18年，靠做出租房屋的中介就赚了很多钱。

为什么警卫会对于小姐这么好呢？因为在这之前，每一天从大门经过的时候，于小姐总是向他们打招呼，把这些警卫当成自己的朋友，不但逢年过节送红包，平常有好吃的，也记得拿出来与他们分享，这些都是出自内心的感谢以及报恩。这些警卫们自然对于小姐心存感激，自然愿意帮于小姐的忙了。

于小姐就是利用和这些警卫的良好关系，使自己十几年来一直从出租房屋中不断地得到发展。

谁都不会相信顺手送一盒饼给警卫，利用警卫的关系就会赚进很多钱。于小姐的做法告诉我们：办事的关键并不在于你多么聪明、懂得算计，这些都是次要的。而最重要的是，如何建立关系和利用关系。

社区人际关系的心理意义是——社区成员心理健康的保障，是心理健康的标志。

人的各种需要以及对需要满足的追求是人健康的标识，而人际交往是取得和满足各层次需要不可替代的环节。

实际上，随着社会的发展，人们生活节奏的加快，这种心理功能愈发显得重要，仅对个体而言，通过交往可以给个体安全感，增强人与人之间的亲密感。人都有归属的需要，人与人通过交往诉说个人的喜怒哀乐，增进思想感情。例如，长期关押在单人牢房的囚犯，对他们的心理损害是极其严重的。由于交往的权利被剥夺而导致精神失常的事例并不鲜见。在现实生活中，由于种种原因导致社会交往出现故障而产生的心理障碍(或疾病)并不少见。据统计，仅上海市就有约30万人需要心理咨询与辅导，有的严重者还需要专业的心理治疗。

著名心理卫生学家丁瓒说过，人类的心理适应最主要的就是对人际关系的适应，所以人类的心理病态主要是由于人际关系的失调而引发的。

人际关系一旦建立，就会对人的行为产生各种各样的影响。心理学家的大量研究和人们的生活实践都已经证明，正常的人际交往和良好的人际关系是人们保持心理健康、身体健康和体验生活幸福的必要前提。

社区人际交往是社会信息的重要来源，它能避免焦虑，消除不确定性；释放心理压力，宣泄不良情绪、转移和遗忘，放下不快，心理矛盾得到缓解；人际承认是个体自我判断的基本依据；形成自信心，找到人际参照点，人际支持是社会支持的直接途径；精神充实，心情舒畅，获得人际支援，有所依托。

心理上的疾病往往是由紧张引起的。人们紧张产生的原因有很多，如与家人的争吵、与同事的摩擦、经济问题、子女教育问题，等等。研究表明，社会支持可以减少或防止心理紧张所造成的心理问题，而社会支持与心理健康之间的联系是由于人际关系对心理健康发生了作用。没有足够社会支持的人会感到孤独，这是由于他们没有更多的社会联系，感到孤立无援，或是因在人际交往过程中得不到足够的自我暴露的机会所致。紧张还会对身体健康产生消极影响，因为它会干扰人体的免疫系统。因而，和谐亲密的人际关系有利于身体健康。

此外，在日常生活中，有些人往往认为，人的幸福是建立在金钱、成功、名誉和地位基础上的。实际上，对于人生的幸福来说，所有这些方面，都远不如健康的交往与良好的人际关系重要。心理学家曾经就“什么使你的生活富有意义”这个问题进行过广泛的调查，结果几乎所有人都回答亲密的人际关系是最首要的。自己的生活是否幸福，取决于自己同生活中其他人的关系是否良好。如果与别人有深刻的情感联系，那就会感到生活幸福且富有意义，反之，则会感到生活缺乏目标、没动力、不幸福。

对社会人而言，和谐的人际关系对身心健康、生活幸福和顺利开展工作都具有重要意义。

学会对他人说“不”

说“不”之前，首先应该进行认知方面的调整，平等和互益是人际交往的重要原则。如果交际双方的交往不能遵循这些原则，或者双方在遵循原则方面是不对等的，那么双方的关系必定不能长久。不要以为吃亏的一方对另一方的一味容忍、退让更有助于双方关系的维持，恰恰相反，容忍与退让本身会使对方的侵害性行为愈发无所顾忌，因此忍让的极限也很快到来，已经失去平衡的关系不得不在具有破坏性的矛盾冲突中再度遭受重创。与其如此，倒不如在双方关系刚刚开始偏离平衡状态时，吃亏的一方就尝试去矫正它，可以采用启发、提醒、劝导对方的方法，也可以通过较为激烈的方式如争论、冲突等，达到让对方醒悟、转变态度与行为的目的。其次，要注意增强自信心。自己要先想清楚，对事情本身是不是应该“不”？如果你是对的，就不必退缩。第三，可以做以下自我训练：设计并练习适当的言语表达方式，使个人能够针对特定的情境，在不刺伤对方自尊心的前提下，及时地、从容镇定地表达出“不”的意思。可以通过下面的练习，在有关的情境中运用类似下面的或婉转、或幽默、或半开玩笑的口吻和语句，刚开始你可能说不出口，逐步练习，会慢慢适应，自信心也会渐渐增强，新的行为方式就会固定下来，形成习惯，以后，就不必为不能拒绝别人而苦恼了。

1. 也许你说的有道理，不过我想尝试一下自己的想法。

2. 我觉得这样挺好，请你别为我担心（或多谢你的好意、关心、建议等）。

3. 你觉得那样对我合适吗？

4. 我的想法好像跟你不一样，你愿意听听吗？

5. 你的这种态度让我感觉不舒服。

6. 你这样说，未免过分了吧？

7. 你这样做，叫我说什么好？

8. 实在抱歉，我没法满足你的要求。

9. 对不起，我不能那样。

10. 抱歉，现在不行，以后再说好吗？

11. 对不起，我需要用这本书了，请把它还给我吧。

12. 你需要东西时总也不放过我，是不是存心要让我破产啊？

13. 不好意思，我知道你有点失望，可是我真的做不到。

14. 对不起，请你不要这样，好吗？

第三节 社区人际关系要求

人际关系，是人与人之间直接或间接相互作用的关系，是人与人之间通过动态的相互作用形成的情感联系，是通过人际交往与沟通形成的心理关系。人的成长、发展、成功、幸福都与人际关系密切相关。没有人与人之间的关系，就没有生活的基础。对任何人而言，正常的人际交往和良好的人际关系都是心理正常发展、个性保持健康和生活具有幸福感的必要前提。

美国卡内基工业大学对个案记录进行了认真的分析，结果发现："智慧"、"专门技术"和"经验"只占成功因素的15%，其余的85%取决于良好的人际关系。

人际交往和沟通，从本质上说是一个互动的过程，但许多时候互动链的运行需要有人激发。事实上，许多交际成功的人往往会主动激发，及时开启人际互动链。即他们往往首先向别人发出友好的信号，主动关心别人，主动帮助别人，主动与人打招呼，才能打开人际交往与沟通的新局面。

文艺复兴时期的英国哲学家培根(1561—1626)在人际关系方面有独到的见解。他认为"知识就是力量"，而不是空谈和文饰，所以他提倡人们多学习、多沟通、多交流。在培根的社会心理学著作中，他向人们提供了如何取得和谐人际关系的诀窍。

首先，我们必须了解人，包括了解自己和别人。了解自己只是一半，自知的可贵在于它是了解别人的一种方式。我们必须尽力了解那些和我们相处的人，了解他们的性格、脾性、习惯、作风、观点等，了解他们的支持者、保障者和反对者,这是他们得到权贵的主要原因;同时也要了解他们的缺点和不足,了解他们可以利用的地方。但是,开启别人心扉最好的钥匙是研究他们的脾气、性情、目的和计划。比较迟钝和直爽的人,可以从他们的脾气中了解他们;比较谨慎的人,则可以从他们的计划中了解他们。

沟通的诀窍有三点:一是广交朋友;二是在心直口快,在沉默之间保持中庸;第三,也就是最好的法则是很好地表现自己的风度,牢牢抓住自己的权利,不要让太多的善心使自己变得软弱,因为那会使人受到伤害和耻辱。

培根还经常引用古希腊哲学家比亚斯的话:爱你的朋友吧,就像他将成为你的敌人;爱你的敌人吧,就像他将成为你的朋友!他认为,即使在朋友面前,也不要透露自己太多的真实意图,在交谈中多提问,少表态;在你说话的时候,只透露资料与信息,不要谈你的真实意图与判断。

而在我国传统文化中,有着改善社区人际关系的制胜法宝,那就是完备的人际和谐文化,特别是用来调节人际关系的人文规范。从今天社区发展的角度来看,和谐的社区人际关系应该包括以下几方面的内容:

友善——和谐的社区人际关系的起码要求,就是社区居民之间的"以礼相待"。关于礼与和的关系,孔子讲得很清楚,"礼之用,和为贵。"这就是说,要做到真正的和谐,必须以礼为标准,受礼之节制。如果和谐失去礼义的制约,就不是真正的和谐。当然,我们讲的"礼"已不同于孔子的本意,而是城市居民人际交往中基本的礼仪与道德。礼仪最根本的内容是约束自己、尊重他人,它不仅适用于职业领域,更是社区日常生活中的必备规范,社区礼仪不仅是具体的礼节、礼貌,而且具有深刻的情感内涵。人与人之间友好地以礼相待,会有助于培养居民以他人为重的道德意识,社区居民的人际关系更具情感性,而较少交换性。

平等——和谐的社区人际关系的人文基础，是社区居民在交往过程中所必须坚持的“人格平等”的意识与原则，无论何种职业、官职高低，在社区中都是作为普通居民而存在，没有“等差之别”，对于社区公共事务都有平等的权利与义务，社区居民人人平等。虽然社区不是“世外桃源”，社区中也存在着居民的社会分层，但社区仍然是培育公民的平等意识和民主素质的有利场所。在社区中，居民可以作为完整意义上的市民来参与社区管理，而不是完全被动的被管理者。在社区中，居民可以摆脱世俗的观念，在平等的人际交往中获得心灵的愉悦和生活的乐趣。有学者曾说过，社区滋养自由的心灵。当前我国城市社区的人际关系中，令人不容乐观的是“官本位”意识，“小市民心理”仍然大有市场，这种现象既表现为由社会和家庭地位所决定的“尊贵卑贱”的等级之分，又表现在对社区公共事务和自己的民主权利的漠然视之、无动于衷，这是当前我国城市社区和谐的人际关系的最大障碍。

诚信——和谐的社区人际关系的核心内涵，是指城市社区居民之间的人际信任的程度与状态。“诚信”历来是中国人交友的基本准则和价值标准。“诚信”不仅要求人际交往中要以诚相待、取信于人，而且强调要“忠诚”，既要“受人之托，忠人之事”，同时还要“重义轻利”和“将心比心、以心换心”，要求关系双方相互承担责任，并接受时间和实践的考验。随着社区服务和保障职能的完善，社区中经济交往关系日益频繁与复杂，诚信正在成为社区人际关系的心理起点和基本准则。人们逐步认识到，只有取信于他人和社区，才能建立良好的人际关系和生存环境，获得自身最大利益和达到预期目标。

合作——和谐的社区人际关系的高尚境界，是社区居民之间建立在友善、平等、诚信基础上的，为了共同的利益而进行的互助合作，形成“我为人人、人人为我”的“社区共同体”。费孝通先生在对社区的解释中，曾指出:"社区,它的含义中一个重要的部分,就是'共同的'、'一起的'、'共享的',就是一群人有共同的感受,有共同关心的事情,也常常有共同的命运。"由于居住在同一社区,居民在环境保护、生态绿化、住宅维护、卫生治安等方面必然有着共同的利益诉求,最有可能组织起来,形成一致的社区行动。同时,由于共同的兴趣和爱好,社区居民也会发展出各种形式的社群,如各种读书会、爱心团队、帮教小组、诗社、合唱团、晨练角等等,这些社区群体的形成,是社区居民之间和谐的人际关系的有效载体,同时增进了居民间的情感交流,抵制人际关系的淡化,加强了社区的凝聚力与归属感。

如何做到上述四点呢?请自问三个问题。

为什么要别人喜欢你?

别人怎样才叫喜欢你?

怎样让别人来喜欢你?

20世纪最伟大的心灵导师和成功学大师,美国现代成人教育之父戴尔·卡耐基(Dale Carnegie, 1888—1955)的公式:事业的成功=15%专业技能+85%人际关系技巧。

哈佛大学心理学博士、情商之父丹尼尔·戈尔曼的公式:人生的成功=20%智商+80%情商。

生活的幸福=20%金钱地位+80%人情人缘。

其实,我们不能要求每一个人都喜欢自己,但可以让大多数人喜欢自己!

1. 树立合理观念,增进交往动力。

2. 良好角色定位,恰当交往行为。

3. 形成良好心态,宽容感恩他人。

4. 改善交往技能,增进交往效能。

5. 人情就是幸福。

人情就是财富就是幸福，人际关系一个最基本的目的就是结人情，有人缘才幸福。

6. 主动交往，积极沟通。

恰当地进行物质和精神的交往，如礼尚往来、登门拜访等。通过保护对方自尊和真诚赞扬对方，来满足对方需要，让别人觉得与你交往是值得的。

7. 保持友善，相互理解和谦让。

友善是起码要求，以礼相待，约束自己、尊重他人；尊重就是不给别人带来麻烦，不首先给别人带来麻烦，如果不可避免地要给别人带来麻烦，就要及时解释道歉、并求得谅解。

8. 角色换位思考。

我好你也好，我行你也行，平等交往。

9. 明确自己的社区居民身份。

去除职业、地位的高低差异，在社区中都是作为普通居民而存在，没有“等差之别”。

10. 平等的权利、义务，积极参与社区公共事务。

从一个人的口头禅中了解他人个性

心理学家指出，每个人都有口头禅。口头语虽无实际的价值，但其是在日常说话时渐渐形成的。之所以形成某一口头禅，与一个人的个性有必然的关系。比如：很多时常说口头禅“差不多”，就反映了“随便”、“圆滑”等个性。

人的口头禅虽多种多样，但归纳起来，要分为六种类型。

1. 口头禅：“说真的”

“这事就拜托你了，说真的。”常说“说真的”一类口头禅的人，有种担心对方误解自己的心态，由此在说话时加说“说真的”，来表明自己的重视态度。说这种口头禅的人，个性有些急躁，时常内心有其他想法，故用“说真的”来反应。

这一类型的口头禅还有：“老实说”、“的确”、“不骗你”……从事商业的人，有这种类型的口头禅，反映他博取信赖的心态。

2. 口头禅：“应该”

通常说“应该”的人，也常说“不该”。这种人自信心极强，显得十分理智，为人处事冷静。自认为可以将对方说服，让对方相信。另一方面，“应该”说得过多的时候，反映了有“动摇”的心态。

“必须”、“必定会”、“一定要”……同样属这一类型的口头禅。长期担任领导职务的人，容易有此类口头禅。

3. 口头禅：“听说”

“听说她跳槽了，是不是这样我就不清楚。”

“听说”这一口头禅不少人常用，有一种给自己留有余地的心态。这种人的见识虽广，决断力却不够。明知道是事实，假如是他人说的话，就会说是“听说……”。

类似“听说”的口头禅有“据说”、“听人讲”……许多处事圆滑的人，都有这类的口头禅。

4. 口头禅：“可能是吧”

“他们俩闹翻了，可能是个性不合吧。”“有人为女生跳楼自杀了，可能是由于失恋吧。”

说这种口头禅的人，自我防卫意识很强，不会把内心的想法完全外露出来，在处事待人方面比较冷静，因此，工作与人事关系都很好。“可能是吧”这类口头禅也有以退为进的意思。事情只要明朗，他们就会说“我早就估计到这一点了”。从事政治的很多人爱用这类口头禅。类似的口头禅有“或许是吧”、“大概是吧”等等，这类口头禅都隐藏了真心。

5. 口头禅：“但是”

“我固然很想去，但是……”“这事好是好，但是，我不想做。”

常说“但是”这一口头禅的人，有点任性，由此，总提出一个“但是”来为自我辩解，“但是”这一口头禅，也是为保护自我来使用的。从另一方面而言，“但是”反映了温和的特征，它显得十分委婉，没有断然的意思。

类似的口头禅还有“不过”等，从事公共关系的人爱用这类口头禅，因为它的委婉意味不致让人有冷淡感。

6. 口头禅：“啊”、“呀”

“啊”、“呀”，词汇不多，常是思维慢、在说话时利用间歇的方式而形成的口头禅，年幼时受到宠爱，也会养成说这种口头禅的习惯，所以，说这种口头禅的人，会是较迟钝的，也会有骄傲的个性。

类似的口头禅有“这个，这个”、“嗯，嗯”……很多公务员用这种口头禅，因怕说错话，所以要有间歇来思考。

第四节　人际沟通类型

人际沟通最基本的功能，就是能够促进人与人之间的了解，协调人与人之间的社会生活，使人们的行为能够更好地适应社会环境，从而使社会生活维持动态的平衡。

沟通还具有需要满足的功能。个人通过表达自己的身心状态，实现与他人的联系，明确人际关系的行动方向，从而使自我价值得以实现。研究结果显示，人类如果缺乏信息交流，则他的语言能力及其他认知能力都将受到严重伤害。在印度发现的狼孩和在我国发现的猪孩都是这方面的例子。对于老年人和新生儿的研究也发现，如果多给他们提供刺激，特别是社会性刺激，就能够促进儿童心理发展的速度，也能够减缓老年人的衰老速度，有利于他们的心理健康。

人际沟通包括三种类型：

1. 言语

言语是一定社会约定俗成的符号系统。人们运用言语符号进行信息交流，传递思想、情感、观念和态度，达到沟通目的的过程，叫做言语沟通。言语沟通是人际沟通中最重要的一种形式，言语沟通分为口语沟通和书面言语沟通。

在面对面的人际沟通中，人们多数采用口头言语沟通的方式，口头言语沟通可以直接地及时地交流信息、沟通意见。这个过程取决于“说”和“听”。

在间接沟通过程中，书面言语用得比较多。

通常情况下，对比较重要的事情的交流，最理想的沟通方式还是当面沟通。

2. 非言语沟通

包括手势、身体姿态、音调（副语言）、身体空间和表情等。非言语沟通与言语沟通在效果上往往是互相补充的。有人做过统计，在人所获得的信息总量中语言的只占了7%，声音的占了38%，而来自于身体语言，主要是面部语言的信息大约占了55%左右。

人们不仅通过他们说什么和怎么说进行沟通，而且还通过姿势、手势、面部表情、触摸，甚至他们站的与别人有多近进行沟通。

非言语沟通的类型主要有以下几种：

(1) 表情：人们通过表情来表达自己的情感、态度，也通过表情理解和判断他人的情感和态度，学会辨认表情所流露的真情实感，是人类社会化过程的主要内容。

(2) 眼行为：俗话说，眼睛是心灵的窗户。可见，眼行为被认为是表达情感信息的重要方式。在人际沟通中，眼行为的作用是巨大而强烈的。目光接触往往能够帮助说话的人进行更好的沟通。彼此相爱的人和仇人的目光是完全不同的。前者含情脉脉，后者则怒目而视。当我们喜欢一个人的时候，我们就会与他有更多的目光接触。在一般交谈的情况下，相互注视约占 31%，单向注视约占 69%，每次注视的平均时间约为 3 秒，但相互注视约为 1 秒。长时间的注视会引起生理上和情绪上的紧张，对此人们通常会很快做出回避行为，以减少紧张。眼行为的功能主要有：注意、劝说、调节和表达情感。

(3) 身体语言或身体动作：在日常生活中，我们也经常采用身体姿势或身体动作来与别人交流信息，传达情感。比如，摆手表示制止或否定，搓手或拽衣领表示紧张，拍脑袋表示自责，耸肩表示不以为然或无可奈何，触摸也能表达一定的情感和信息，因而也常被人们用作沟通的方式。

在沟通中，沟通者的坐姿、站姿、走姿等也传达着很多的信息，特别是情感信息。例如，情感亲密的人坐在一起的时候就会面对面，形成一个包围的小圈子，以排除外来人的干扰或介入。而相互憎恨的人之间的动作则大大不同，他们往往会有更高的说话声调，动作会比较激烈等等。

(4) 服饰：我们从服装的质地、款式、新旧上可以看出一个人的身份、地位、经济条件、职业线索和审美品位等，这说明服饰也在为沟通者传达着信息，也可以起到交流的作用。哲学家斯宾诺莎曾经诙谐地说：用昂贵的包装来装饰一件质地低廉的商品是不合理的，但如果有意地不注意自己的外表，恰巧证明了自己精神的匮乏和头脑的无知。

(5) 讲话风格：有声语言包括许多社会符号，它在沟通过程中起着重要作用，它告诉我们在什么背景下什么人在对什么人说什么。例如，缓慢的、细心的讲话表示我们在与一个小孩子、一个老人或一个外国人说话。轻声小心的讲话，比如用升调，用加强的语气、闪烁其词、附加问题等，表示我们面前出现了一个高地位的人。

(6) 人际空间:人与人之间的距离也是表露人际关系的“语言”,也能传递大量的情感信息,通常亲密则相互之间具有较近的人际距离,人疏远则相互之间具有较远的人际距离。人际距离传达的意义也具有文化特色,受环境的限制,有的民族喜欢双方保持近距离,而另一些民族则与之相反,通常陌生人之间的空间距离会较大,但在特定情况下则不一样,或在拥挤的公共汽车上或拥挤的电梯上,人们由于距离太近,会产生紧张感,会避免面对面或目光接触。

察言观色:人际交往中非言语信号的意义

如果问一个不善交际的人,“为什么不会交际呢?”多半会回答“没有口才”。他们以为只要有流利、幽默的言辞就可以有效地与人交往了,因而不断在言语上下功夫。其实,这种看法是片面的。在日常生活中,我们常常可以见到这样的情形:一位学识渊博、口才极佳的教授,尽管他可以滔滔不绝地讲一大通如何做人的道理,可总是打动不了他那桀骜不驯的儿子,为什么呢?因为这位身为教授的父亲没有注意到,在他讲话时,儿子嘴巴翘起,脸转向一旁,眼观他处,露出了厌烦、不屑一顾的神态。

柴斯特菲乐德曾经说过:“在世界的知识中,最需要学习的就是如何洞察他人。”如果把交际中的言语比作是陆地,那些非言语信号就是海洋,海洋比陆地更广阔,更深远,更深奥。要想有效地与人交往就必须了解非言语信号所表达的意义。美国、英国、日本等国的学者曾对非言语交际进行了大量的研究,有的甚至编写了有关形体语言的词典。所有的研究都表明,非言语信号代表着一定的意义,掌握这些意义会增进双方的交往,使交际更有效。现将常用的非言语信号的意义介绍如下:

一、视线

眼睛是心灵的窗户，所谓"含情脉脉"、"暗送秋波"、"眼睛会说话"都表明，视线或眼神能表达一定的意义。在交际中要注意以下几点：

1. 一旦被别人注视而将视线突然移开的人，大多怀有相形见绌之感，有很强的自卑感。

2. 对异性只看一眼就故意将视线移开的人，恰恰表明其渴望与异性交往。这是反向作用的典型表现。

3. 无法将视线集中在对方身上，并很快收回视线的人，多半属于内向性格。

4. 仰视对方怀有尊敬或信任之意，俯视对方是有意要保持自己的尊严。

5. 视线活动频繁且很有规则，表明其在思考。

6. 听别人讲话时，频频点头，却不将视线集中在谈话者身上，表明其对对方所谈的话题不感兴趣。

7. 凡是目不转睛地注视对方，而不将视线离开的女性，其内心可能隐藏着什么秘密。

二、坐姿

坐的姿势可以说是千姿百态。典型又常见的坐姿有以下几种：

1. 坐得越近越亲密。谁都不会和自己不喜欢或不感兴趣的人坐在一起，而且相邻而坐比面对面地坐，意味着更亲密。心理专家曾在某大学的餐厅发现，恋爱的男女都是相邻而坐而不是相对而坐，尽管面对面的相对而坐便于交谈，但相邻而坐却意味着双方已融为一体。

2. 在椅子上深坐且双手合在一起成尖塔状的人，表明其此时十分悠闲、安宁、信心十足。

3. 在椅子上浅坐或坐在椅子的边沿并将双手搁在膝盖上的人，是表示对对方的恭敬，也表示其对对方的话题感兴趣。

4. 坐在房间的最里边并注视房间入口处的人，多半怀有强烈的权力欲。背对入口处或坐在边角位置上的人，一般较自卑。居中而坐则是有自信心的表现。

三、握手

握手是见面打招呼的常见礼仪，握手也能反映一个人的性格。

1. 有力地握住对方的手的人，具有主动、进取的性格特点，有一定的自信心。

2. 无力地握住对方的手的人，具有被动、脆弱的性格特点。

3. 握手时手掌冒汗的人，大多数是由于情绪激动、内心失去平衡的紧张所致。

非语言信号并非仅有以上几点，还有诸如表情、脚的姿势、整个上身及整个下身的动作姿态等等，但要注意的一点是，在交往中，要将各种非言语的信号结合起来看，要善于把握一组信号或一种姿态所代表的意义。

卡耐基温馨提示：将非言语交际和言语交际结合起来，才能作出最佳的判断，才能使交际最为有效，这时才可以说把握了交际的要领。

第五节 社区人际沟通最常见障碍与沟通原则

社区人际沟通中经常会发生障碍，一般来自以下三个方面：

1. 地位障碍

由于阶级、政治、宗教、职业的不同而形成的不同意识、价值观和道德标准，使人们对同一信息会有完全不同的解释，成为一种沟通障碍。比如不同党派的人对同一事件有完全不同的看法，不同职业的人在沟通中常有“隔行如隔山”的困难；在社区中地位高的人和地位低的人进行沟通，地位低的人往往不能畅所欲言，以防自己说话不准确被人嘲笑。

2. 语言障碍

人们的语言修养差异很大。同样一种思想，有人表达很清楚，有人表达不清楚，理解也不同。因此，单纯利用语言表达思想和事物有很大的局限性。

3. 心理障碍

心理障碍主要是指由于人们的不同个性倾向和个性心理特征所造成的沟通障碍。需要和动机的不同，兴趣和爱好的差异等都造成人们对同一信息有不同的理解。气质、性格、能力不同，也会给沟通带来困难。此外，沟通双方缺乏和谐的心理关系，某一方或双方存在人格缺陷，也都会对沟通产生不良的影响。

与此相对应，人际沟通原则有如下四条：

1. 目的性原则

人与人沟通时有其目的性存在。比如你在一个城镇中迷路了，想开口问路，希望能够因此获得帮助，不论你问的是什么对象，一名警察或是小孩，不论你的语气是缓和或着急，均有一个你所要设法求得的目的性存在，就是你想知道你身处何方，如何找到你要走的路。或者与人借东西，沟通中的许多文字也许是多余的，也许不好意思开口，而拐弯抹角地说，但其目的仍是要跟人借东西而进行的沟通，所以，沟通是具有目的性的。

沟通可能是语言性也可能是非语言性的。如面部表情能够表现出你的非语言沟通；吵架、破口大骂是非理性的沟通方式，包括冷战不说话，但彼此双方也能够明白对方所表征出的意思是什么。

2. 关系性原则

在任何沟通中，人们不只是分享内容意义，也显示彼此间的关系。在互动的行为中涉及关系中的两个层面，一是呈现关系中的情感，二是显现人际沟通中的关系本质在于界定谁是主控者。而关系的控制层面有互补的也有对称的。在互补关系中，一人让另一人决定谁的权力较大，所以一人的沟通信息可能是支配性的，而另一人的信息则是在接受这个支配性。在对称关系中，人们不同意有谁能居于控制的地位，当一人表示要控制时，另一人将挑战他的控制权以确保自己的权力。或者是一人放弃权力而另一人也不承担责任。互补关系比对称关系较少发生公然的冲突，但是在对称关系中，权力很可能是均等的。

3. 学习性原则

因为人际关系好像是自然的、与生俱来的能力，所以很少人注意沟通的形态与技巧。有时把一些沟通上或态度上的错误都想成“这是天生的，无法改变的”，就不试着去改变自己的错误沟通态度，其实沟通是需要学习的。我们要试着去观察周围环境的人，谁的沟通技巧好，谁的态度顽固不堪，都值得我们去学习经验，汲取教训，人际关系是互动的，所以我们都必须去学习人际沟通，而且要不断地学习并在练习中获益。

沟通是需要学习的。学习沟通的技巧主要有以下几点：

非语言技巧：是一种面部表情、音调和姿态的运用技巧。

语言技巧：使用文字以增加信息的清晰性。

自我表达技巧：帮助你使别人更了解你。

倾听和反应技巧：帮助你解释他人的涵义并且分享所接受的涵义。

影响技巧：帮助你说服别人改变他们的态度或行为。

营造气氛的技巧：创造一种正向的气氛，使有效的沟通较易达成。

4. 三“不”原则

不批评、不责备、不抱怨，是人际沟通的三“不”原则。心理学家史基诺(B. F. Skinner)经由动物实验证明：因好行为而受到奖赏的动物，其学习速度快，学习效果亦较佳；因坏行为而受处罚的动物，学习效果都比较差。最近的研究显示，这个原则用在人身上也有同样结果。批评不但不会改变事实，反而只有招致愤恨。另一位心理学家汉斯·席尔也说：我们都害怕受人指责。因批评而起的羞愤，常常使员工、亲人和朋友的士气大为低落，并且对应该矫正的事实状况，一点也没有帮助。

从握手方法看他人个性

美国心理学家对不同人握手的方法进行了分类，分析表示：握手8种类型，每种类型代表着不同的含义，显示出不同的个性。

1. 摧筋裂骨型的握手

握手时大力挤握，让对方觉得痛楚。这类人精力充沛，自信心强，组织领导能力突出，或许是个独裁专断者。

2. 沉稳专注型的握手

握手时力度适当，动作扎实，双眼注视对方。这类人性格坚毅、坦率，有责任感，善于推理，时常为人提供建设性建议，能获得他人的信任。

3. 漫不经心型的握手

握手时只是轻柔地触握，这类人随和豁达，凡事不为人知。

4. 双手并用型的握手

握手的时候习惯双手持握对方。这类人热诚温厚，心地善良，喜怒形色，爱憎分明。

5. 长握不舍型的握手

握手时握持对方的手久久不放。这类人感情丰富，喜欢交朋友。

6. 用指抓握型的握手

握手时只用手指抓握对方而掌心不和对方接触。这类人个性平和，敏感，情绪易激动，但心地十分善良。

7. 上下摇摆型的握手

握手时紧抓对方，不停地上下摇动。这是极度乐观，对人生充满希望，并且热诚积极、受人欢迎的人。

8. 规避握手型的握手

有的人从不愿意和人握手，他们的性格内向羞怯，保守但真挚，不愿轻易付出感情，但只要建立友谊，则会情比金坚。

chapter 2 >>

第二章 社区交际技巧

第一节 最初的四分钟

我们常感叹人际关系的复杂，似乎只有“日久见人心”，因为平时每个人以防范的心态为人处世，言行不尽一致。于是需要“理解”、需要“沟通”成为出现频率较高的言辞。有人以为只要与人交际时不隐瞒、真实地表达本意就行了。其实这是很不够的。确实，不以诚相待就根本谈不上良性沟通，但往往真知灼见合理碰撞时也会不欢而散。因此，交际不仅需要真实，也需要技巧。在日常交际中可以提炼出五要素，即对人对事皆以真诚的欣赏与赞美为前提；先说自己错在哪里，然后才指出别人的错误；说话要顾及别人的面子；只要对方稍有改进即以鼓励；嘉勉要诚恳、赞美要大方。

从人性的角度看，每个人都是想被人所认可的，而东方人含蓄、隐讳、词汇的多义往往意思不外露。譬如赞美，西方人用“好极了”、“棒极了”等词，而东方人喜欢用“蛮好”、“不错”、“还可以”等词，其产生的效果也就迥然不同。东方人的上述言辞给人的感觉好像是你赞美了别人自己要矮半截。而中性的赞扬词的效果与其本意的效果就大打折扣了。

交际时时存在，在不同的时间、不同的地点跟不同的人发生着。如何能保持较好的效果呢？一般的人以为是能言善辩或擅于察言观色，其实不然，真正善于交际的人最懂得倾听的重要性和倾听的方法。每个人都有表现欲的，若两眼注视着对方、不时地颔首微笑、偶尔插话相附和，效果比各抒己见要好得多。

也有人认为所谓擅长交际无非是奉承拍马，其实也不然。每个人的身份、学历、地位都不同，要想都能“拍上马屁”又谈何容易。只有根据不同的人找出“共同语言”的结合点，投其所好方能广结人缘。在社区中，对不同学历、不同地位的人的交际也应相应地“对症下药”才行。所以说，交际是一门艺术，艺术需要技巧。现代社会尤其需要交际，才有协调的能力，才能团结人、凝聚人，而技巧是一种功底的体现。

首先，我们需要了解自己的生活态度。

个人对自己以及对他人的态度往往会影响到人与人相处是否和谐，与人交往是否愉快，甚至影响到别人是否喜欢你。这种对自己和他人的看法与态度，称为“生活态度”。美国著名心理学家爱利克·伯奈依据对自己和他人所采取的基本生活态度，提出了四种人际交往模式，或称心理模式：

1. 我不好——你好，我不行——你行

否定自己，肯定别人。这是全人类在婴儿早期共同的感觉，也是个人最初学习对人与对己的态度。停留在这一生活态度的人，总是认为自己不好，自己不行，自己比不上别人，别人样样都比他好、比他行。这样的人相当自卑与退缩，把自己孤立起来，不愿意和别人打交道。他时常自怨自悔，时常觉得自己抬不起头来。抱着这种生活态度的人，没有自信心，看轻自己且易自责，别人也就会看轻他，不喜欢和他来往。

2. 我不好——你也不好，我不行——你也不行

否定自己，否定别人。这种生活态度的人，认为自己不好且别人也不好。在他个人的眼中，没有一个好人，包括他自己在内。这样的人是悲观主义者，就像笛卡儿的观点那样，他认为人生下来就是不应该的，人生活

在世界上只是受罪的，没有多大实际意义，同时，笛卡儿提出了解决人类痛苦问题的最有效办法，就是尽快实行自杀。这样的人凡事都不抱希望，对自己失望，对别人也不抱希望，对周遭的事物都失去信心，厌世、偏激而消极。持有这种生活态度的人不喜欢自己，也不喜欢和他人交往，当然别人也就不喜欢与他来往了。

3. 我好——你不好，我行——你不行

肯定自己，否定别人。这样的人认为自己好，自己行，而别人却不好、不行。他自视甚高，总认为自己比别人好，别人在各方面都比不上他，反正他是高人一等的。这样的人常表现自傲、自大的态度，他不能接纳别人，经常会指责别人，却不会自我反省。拥有这种生活态度的人常以自我为中心，不接受别人的意见，常常自以为是；大家对他敬而远之，他对别人亦常含有敌意。大家不喜欢和他交朋友，因此他的人际关系也不好。

4. 我好——你也好，我行——你也行

肯定自己，肯定别人。因为这样的人认为自己是有用的人，看别人也有他们的长处。他了解自己的优点，发挥自己的长处，同时也能欣赏别人的优点，他接纳自己也接纳别人。他包容许多现实事物的不完美，而尽力去创造完美的人。这样的人勇于面对现实去解决问题，他不逃避问题，积极、乐观而进取。持有这种生活态度的人容易与别人相处，别人也喜欢与他来往。

针对上述四种生活态度，你是属于哪一种，或是偏向哪一种？也许没有哪一个人是完全固定属于哪一种态度的，只是以那一种形态出现的机会较多罢了。如果你以第四种生活态度出现最多，你就是比较受人欢迎的人。如果你以第一、二、三种态度出现较多，希望你能调整自己的方向，向第四种生活态度的目标去努力，做一个比较受喜欢的人。

社区交际，需要增加与他人的熟悉程度。熟悉是讨人喜欢的普遍因素。心理实验告诉我们，无论人或动物，彼此之间当接触的次数增加，其熟悉度就逐步增高，便会具有相应的吸引力。因此，如果你想增强人际吸引力，则要留心提高自己在别人面前的熟悉程度，一个自我封闭、逃避与退缩的人很难被别人了解，自然也不容易被他人所喜欢。

而人们是否愿意成为朋友或什么时候可能成为朋友，按照信纳德·佐宁博士在《交际》一书中的观点，陌生人之间接触的头四分钟是至关重要的。他在书中对有意建立新的友谊的朋友说："当你在社交场合中遇到陌生人，你应把注意力集中在他身上四分钟。很多人的生活将因此而改变。"那么，如何抓住社区交际最初的四分钟？

你可以注意到，一般人并不专心致志地注意自己刚认识的人，他不断地东张西望，似乎在寻找更加有趣的人。如果谁这样对待你，你一定不会喜欢他。

当我们认识一个新朋友时，我们应当尽量显得友好和自信。一般来说，人们喜欢喜爱自己的人。

另外，我们不能让别人认为我们很自负，对别人显示出兴趣或表示同情是很重要的。要知道别人也有自己的需要、恐惧和希望。

听到上述劝告，你或许会说，我不是一个天性友好或自信的人，这样做，诚实吗？

其实，完全的诚实，对于社交关系来说往往并不合适，特别是在相互接触的头几分钟，这时可能有各种各样的表现，但是适当的表演，在和陌生人的交际中是最好的一种方式。这时不是抱怨自己的健康问题或找别人的缺点的时候，这也不是彻底地把自己的观点和印象和盘托出的时候。这几分钟的交往必须小心，如果你讨论了令人不愉快的事情，以后还需着手解决。

只要实践几次，便会改变自己的社交方式了。只要我们想改变自己的性格，我们终究会习惯的，这就像买了一辆新车，起先你可能觉得不熟悉，但是它总比旧的好。生活的成功与否，往往主要看我们和周围的人如何相处，这至少和我们拥有的知识同等重要。

怎样的姿态是开放性的?

“年轻人，心里不怀恶意，以为他人也如此，所以表现得开放而坦诚；可他的父亲，经历受欺之害，因此不得不心存怀疑，并且时常持疑这么做。”的确，年轻人经历不多，天真单纯，心里没有恶意，并且以为他人的想法与自己一样，所以举止行为时常表现得开放而坦诚。

那么，哪些姿态是表现坦白与真诚的开放性呢?

1. 摊开双手。很多人要表示真诚和公开的一个姿态，就是摊开双手。意大利人毫不拘束地运用这种姿态，在他们受挫的时候，就把摊开的手放在胸前，做出“你要我怎样呢”的姿态。而耸肩的姿态也随着张手与手掌朝上而来。或许大家已经留意到：在小孩子对自己所完成的事感到骄傲的时候，就会坦率地将手显露出来，可是，在他们有罪恶感，或是对一个情况产生怀疑的时候，就会将手藏在口袋中或者背在后面。

2. 解开外衣纽扣。他人若对你坦白友善的时候，会经常在你面前解开外衣的纽扣，以至于脱掉外衣。在一个商业会议中，当人们开始脱掉外衣的时候，就可以判断他们谈论的某种协定有达成的可能。无论气温再高，当一个商人认为问题尚未解决，或是尚未达成协议的时候，他是绝对不会脱掉外套的。

■ 第二节　学会建立自己的“人情账户”

在社区人际交往中，见到能帮助他人的机会，要主动伸手。因为人情就是财富，人际关系一个最基本的目的就是结人情，有人缘。要知道，求人帮忙是被动的,可如果别人欠了你的人情,求别人办事自然会很容易,有时甚至不用自己开口。

帮助别人时,要掌握以下基本要领:

1. 施恩时不要说得过于直露,挑得太明,以免令对方感到丢了面子,脸上无光;给别人已经帮过的忙,更不要四处张扬。

2. 施恩不可一次过多,以免给对方造成还债负担,甚至因为受之有耻,与你断交。

3. 给人好处还要注意选择对象。像狼一样喂不饱的人,你帮他的忙,说不定还会被反咬一口。

俗话说:"在家靠父母,出门靠朋友","多一个朋友多一条路","要想人爱己,己须先爱人"。每个人时刻存有乐善好施、成人之美的心思,才能为自己多储存些人情的债权。这就如同一个人为无后顾之忧,须养成"储蓄"的习惯一样,这甚至会让子孙后代得到好处,正所谓"前世修来的福分"。

究竟怎样去结得人情,并无一定之规。在社区里,我们可以主动捐助衣物;

可以对一个正直的举动送去一缕支持的眼神,这一眼神无形中可能就是正义强大的动力;

可以对一种新颖的见解报以一阵赞同的掌声,这一掌声无意中可能就是对革新思想的巨大支持;

如果有人因为失意而抱怨,说一句暖心的话;

把一个摔倒的人轻轻扶起。

如果你切实地给了某人好处,千万别张扬。

生活中经常有这样的人,帮了别人的忙,就觉得有恩于人,于是心怀一种优越感,高高在上,不可一世。这种态度是很危险的,常常会引发反面的效果，也就是：帮了别人的忙，却没有增加自己人情账户的收入，正是因为这种骄傲的态度，把这笔账抵消了。

人都爱面子，你给他面子就是给他一份厚礼。有朝一日你求他办事，他自然要“给回面子”，即使他感到为难或感到不是很愿意。这便是操作人情账户的意义所在。人们总是尽其全力来保持颜面，所以，必须尽量避免在公众的场合内使你的对手难堪，必须时时刻刻提醒自己不要做出任何有损他人颜面的事。

所以，帮忙时应该注意下列事项：

第一，不要使对方觉得接受你的帮助是一种负担；

第二，要做得自然，也就是说在当时对方或许无法强烈地感受到，但是日子越久越体会出你对他的关心，能够做到这一步是最理想的；

第三，帮忙时要高高兴兴，不可以心不甘、情不愿。如果你在帮忙的时候，觉得很勉强，意识里存在着“这是为对方而做”的观念，假如对方对你的帮助毫无反应，你一定大为生气，认为“我这样辛苦地帮你忙，你还不知感激，太不识好歹了！”如此的态度和想法都不要表现。

如果对方也是一个能为别人考虑的人，你为他帮忙的种种好处，绝不会像打出去的子弹似的一去不回，他一定会用别的方式来回报你。对于这种知恩图报的人，应该经常给他些帮助。

总之，社区人际往来，帮忙是互相的，切不可像做生意一样赤裸裸地，一口一个“有事吗”、“你帮了我的忙，下次我一定帮你”。忽视了感情的交流，会让人兴味索然，彼此的交情也维持不了多长时间。要讲究自然，不故意“打埋伏”，以免被别人想：“和他做朋友，如果没用处，肯定会被一脚踢开！”

充实自己的人情账户，“先存再提”说来有些“现实”，有“利用”、“收买”的味道，但若从另一个角度来看，和别人建立良好的人际关系本来就有这样的好处，不能光用“现实”的眼光来看。而这些人际关系，必成为你一生中最珍贵的资产，在必要的时候，会对你产生莫大的效用。

你在感情的账户上储蓄越多，赢得的信任就会越多。当你遇到困难，需要帮助的时候，就可以运用这种信任。即便你犯有什么过错，也容易得到别人的谅解；即便没把话说清楚，有点小脾气，对方也能谅解。但在此基础上，最重要的就是自己要乐于助人，关心他人，不断增加和充实自己感情账户上的储蓄。如果说建立相互信任、相互帮助的人际关系有什么诀窍的话，那么这就是唯一的和最有效的诀窍。

怎样的姿态是防卫性的？

防卫性姿态和代表开放接纳的姿态相比而言，这是一种保护自己身体，隐藏个人情绪和对抗他人侵侮的姿态。假设对于对方表示开放的姿态不能善加掌握，他可能就会快速转变为防卫的姿态。表示防卫性的姿态有下面几种：

1. 双手交叉在胸前。这种双手交叉的姿态是日常生活中极普遍的姿势，并且依据达尔文的研究，这种姿态好像在世界各地都同样代表防卫的姿势。老师们在一起的时候常用这种姿势，医生们在一起讨论的时候，也常出现这种姿势，小孩子们叉起手臂是用来维护自己的尊严。这种姿势似乎能够让人自觉稳如泰山，仿佛能够对抗所有的攻击。

在人际交往里，要是你的交往对象叉起手臂时，就表示他已经转为防卫地位了。要是你未能及时发觉对方所表现出的反对、抗议、不满等信息，而自顾自地高谈阔论，再三重复地刺激对方的时候，后果是常常让自己本愿意亲近的人更加疏远。

2. 坐在椅子上，翘起一只脚来跨在椅背上。这样的姿态看似轻松，但事实上极不合作。这种人往往对别人的感受或是需要漠不关心，以至于有点儿敌意。空中服务员表示：飞机里采取这种坐姿的男性旅客往往是最难服侍的人。在买主和推销员间，买主也时常在自己的办公室中摆出这样的坐姿来表现他优越的主宰地位，上司在下属的办公室里用此种姿势来表现他的权威。

3. 标准的腿交叉姿势。就是一条腿搭在另一条大腿上，小腿下垂。这是一种人们普遍采用的姿势。这种姿势表达出一个人的防卫乃至于带有敌对的心理。比如，在一次行政会议时，颁布了一些有关分配方面的规定，其间某人采用了这种腿交叉的姿势，低着头看报纸，很明显，他的反映是不积极的。等到规定宣读完，他就立刻放下手里的报纸提出了几个不同的观点，而整个会议也因此展开了争论。

讲课的教师也同样发觉，坐在下面听课的学生，要是他双臂交叉，同时也双腿交叉，那么必定是对老师的观点发生了质疑。恋爱中的男女，要是女方将臂、腿紧紧交叉起来，这不是一个积极的信号，此时，另一方要设法转移对方的情绪，让她变回原有的姿势。

很多的习惯是在不知不觉中养成的。有人一落座，就可以双腿交叉，并没有任何特殊的含义。因此在观察时要注意加以区别，避免发生误解。

4. “4”字形腿交叉的姿势。“4”字形腿交叉姿势，即把一条腿的小腿放在另一条腿的大腿上。这样的姿势同标准的腿交叉姿势相比较，更有竞争性。一般而言，具有进攻性、竞争性外向个性的男士容易采用这种姿势，并伴有脚的抖动，它表现一种对他人不服气并表明自己正确的形态。

假设对方采用“4”字形腿的姿势，此时还将手搭在脚踝上或是腿上，这样，就形成了“4 字形腿夹”，如此的姿势会给人固执己见、顽固不化的感觉。

假设一个公司的领导颁布了本公司一批任免人员名单之后，坐下来，采用如此的姿势，那么，被免职的下属不管怎样恳求，也不能打动上司的心。这种姿势表示主意已定，决不更改。常运用这种姿势的人，也往往是难于合作的人。和这样的人打交道，最好是先改变他的姿势，接着再进入正题。

第三节 说话的艺术

有两个名词，很值得辨析：沉默是金，但是埋在山中的金子，别人是不知道的；走运，出去走走，才会有运气。

在社区中，人们说话是为了交流信息，是想得到别人的认同，所以，在与人交谈时要注意以下几点：

第一，要敢于盯着对方的眼睛看；

第二，不要放大自己的缺陷，在开始时不要以前缀性的语言进行总括，而是用总结式的话语进行概括，这样才不至于紧张，害怕忘词。画面式地反映自己想要表述的东西，不要力求逻辑上的完美性，正因为是逻辑的追求才使得有忘词现象的出现，要以重现场景式的方式进行表述，这样就不会出现忘词的情况。

第三，性格内向不是借口，请明白一点，没有人天生是内向的，内向是从我们具有了荣辱感、羞耻心开始的，随着父母亲“言传身教”给我们的消极标签，我们慢慢走向了消极的一面，即性格内向的一面，据一份国外资料调查，关于愿不愿意来到这个世界上的问题表明，成人有 15%的人不愿意，而儿童却为 0%，所以儿童是幸福的。为什么儿童幸福？是因为他们生活在赞扬当中，至于说出汗，发抖，脸红等现象，在各种人的眼中是看不到的，不用刻意地去放大这种现象。

在有些社区里，人和人之间的社会地位差距很大。但请记住一点，比尔·盖茨，大学未毕业；李嘉诚，初中未毕业；成龙，小学未毕业。所以既不需要自卑，也不需要自傲。在生活中，千万别夺走别人的梦想，不要打击别人，即使开玩笑也要有一个铁的原则，即是赞扬性积极性的，而非是贬义的。

一个人长大的标志，是能够对自己的行为负责。一个人成熟的标志，是学会欣赏别人，鼓励别人，这也是为什么做父母之后的人有一种明显的成熟感的原因吧。

在听别人讲话时，一定要不断地微笑、点头、提问，这样就是极大地赞扬了讲话的人，势必会得到讲话人的好感；

第一次见面，当你接过一个人的名片时，一定要说话，最起码是要大声读别人的名字，如果有必要，一定要对别人名字进行夸奖，如说名字有气势，等等。不认识的字一定要请教别人，这是一个非常好的让别人得意的地方，也是博得别人好感及同别人开始交流的一个极好的机会。名字是一个人最重要的符号，你对这个符号的夸奖也就是对他本人的夸奖。

自我介绍，解释自己的名字时，一定要给别人留下深刻的印象，给别人留有印象则应该按以下步骤进行，先总览——后解释——再串起来解释，如名字孙国荣，先报孙国荣，再说孙中山的孙，中国的国，光荣的荣，最后串说，孙中山是中国人的光荣。再次见面时，如果对方想不起你的名字，要有眼色，赶紧自报家门，以免尴尬，伤了和气。

在中国，称呼人的技巧有以下几种：

1. 在国外，直呼姓名显示真诚，而在中国稍有不同，中国人好以职位相称以显尊重，陈厂长、陈主任等等，如直呼其名则显失敬，陈厂长直呼陈东，就有点欠佳。

2. 如果我们去掉姓称呼一个人时，那么你就会进入他的家族范围，因为只有家族中，才略其姓而直呼其名的。所以我们不妨去叫张东生为东生。

3. 如果我们不知某人的职位时，不妨称他为老师，给他一个尊重。

讲述一件事情时，一是要注意具体化，不要说一辆车而是一辆黑色的帕萨特，等等。二是要细节化，才有动感，才能说活。因为中国几千年讲究的简洁，对我们表述会产生一定的负面影响，因为你不会去想象从不同的角度去描述，你只是想更精确地描述，这时你便丧失了语言的活性。

那么，如何讲好一件事呢？

讲一件事情，想让大家都想听，有五个要素，何时、何地、何人、何事、何故，每一个故事都应该包括这五项内容，才算表达清楚，何时的表述要注意开门见山，警示性的引起听众注意；何地的表述要尽快的进入场景，这样才会突出你想表达的主题；何人的表述要有名有姓，有名有姓才显得真实，也方便听众理清思路；何事的表述应注意具体化，描述细节化；何故的表述相对不太重要，是对听众一个心理释放。

讲故事，最重要的是对何事的讲解，换句话说也就是重现场景，重现场景的一个技巧就是表达具体化，描述细节化，这才能使听众以一个一致性的画面进入情节，限制听众的随意思考。你让他思考了，听众的反应就是不一致的，不一致在社会心理学中，就意味着心理互动的失败，心理互动失败，你就不能在讲话中达到最佳效果。

说话的学问：

一个人说话是否生动，看表述是否具体化；

一个人说话是否清楚，看表述是否符合逻辑；

一个人说话是否深刻，与讲话者的知识面相关；

一个会发问的人，就是会引导谈话节奏的人，同人谈话的技巧，就是掌握发问的技巧。

注意事项：

1. 不要用模糊的概念，例如“可能是甲，可能是乙”，“好像是哪一年”等句子，模糊的概念可能会转移听者一部分的注意力，使得你的故事的真实性和说服力有所下降,相比之下,直接确定为甲,或是直接说是某一年,故事则显得更有说服力。

2. 不要用解释性的语言(因为……所以……),而是尽量使用描述性的语言。在描述故事的天气时,如果你说"那天因为天气很热,所以我穿的很少",就不如说"那天天气太热,我只穿了件裤衩","因为台子有 8 米高,所以我站在上面发抖",也不如说"我站在 8 米高的台子上,双腿发抖"这样不会使人的思维走岔路。

3. 讲故事时,不要有谦虚的开场白,这样无疑会打击听众的信心,认为从你的讲话中学不到什么东西,而且你自已连这个自信也没有,如何让听众有这个自信。合理的做法是,直击时间,勾起听众的注意力,人们的心理往往会被后期的期待所吸引。

4. 在讲故事之前,第一句话的语音语调语速,是非常关键的,如果第一句话较有力,那么首先会吸引听众的吸引力,下面的故事陈述就会流畅的多,所以在讲话之前,要吸一口气稳一下自已的心神,然后再开始,不要慌慌张张的开始。

5. 在讲一个事情或心理的效果时,尽量使用事实来侧面反衬,这样给听众的印象是生动的、形象的、记忆深刻的。如说害怕,说事后发现衣服湿透了,则更加逼真。

6. 快速进入核心内容,抓住主题,迅速将自已的观点传达给对方。一般来说,一个话语啰嗦的人往往是讲半天话还在兜圈子,这时听众已经听烦了,大量的圈外活动使听众的心理期待数次落空。这时你的讲话就很难达到预期的效果。

7. 避免使用抽象化的语言,如果你想陈述你的工作成绩,不要说你总是优秀,是一个笼统概念,你要说,你业绩不是第一,就是第二,这种效果对听众的效果是截然不同的。

8. 如果你想表达一种戏剧性的效果，你就应该使用原因倒置技巧，原因倒置往往使听众恍然大悟，也可能是心理期待的骤然落空。这时笑声自然也就出来了。

怎样的姿态显示评估？

有一些最让人易于误解的姿态，就是我们所称的评估性的姿态：处理一些苦思焦虑的问题时候的姿态。这对我们的社交生活成功与否是极为关键的。通过观察对方显露出的评估性姿态，你能够鉴定出对方对你发出的讯息是接纳还是批判，是感兴趣还是冷漠。具体而言，评估性姿态有以下几种：

1. 手撑着脸颊的姿态。这是种表现出沉思、兴趣与注意力的姿态。例如：大家都熟悉的伟大雕塑家罗丹的雕塑作品《思想者》，我们不会怀疑那些摆出类似罗丹的“思想者”姿态的人，他们用手支在脸颊上，沉溺于某种沉思里，有的时候还稍微眨眨眼睛。假如某人在和你的交谈里表现出一只或两只手撑在头部，而且身体向前倾靠，那表明他对你的谈话内容十分感兴趣。

有时，一个人会持“批判性的评估姿态”，他会把一只手放到脸上，手掌把住下颚，接着食指伸到面颊上，把手指都放在嘴边。这种人姿态上把身体向后游离你，其思想形态则是批判、严谨的，或是某些想法和你相反。

2. 头部倾斜。达尔文在他早期的研究里注意到，动物和人在听到某些有兴趣事物的时候，会稍微把头抬高起来。很早时候起，妇女本能地就了解到这种姿态的意义，它能给人一种洗耳恭听的印象。在她们和一位男人交谈并想给人留下好印象的时候，会不自觉地运用这种姿态，并且能够达到较好的作用。

在人们对某种讯息不感兴趣的时候，其姿态簇（一连串配合的姿态）

也要改变。头不会倾斜反而会伸直，背脊挺立，一副无精打采的模样。他们有的望望天花板，有的不停地看着手表或看看他人，以至于最后把身体的姿态摆得指向出口处。在交谈里别人要是表现出这些姿态，那么你就要考虑转换谈话内容或是结束这次谈话了。

3. 抓抚下巴。这个“很好，让我考虑一下”的姿态，好像是遍行于全世界的，同时也是人们在进行决策过程中常做的姿态。达尔文提到了这种沉思姿态，说世界上多种人“有时要抓抓胡须……而双手，常常是大拇指与食指，要触摸到脸部，最普通的是用手指去触摸上嘴唇”。“这种姿态意味着明智的人正在做判断。”和这个姿态一道运用的脸部表情是稍微吊眼斜看，仿佛要从远处看看问题的答案是怎样的。

4. 踱步。当人们要解决困难问题或是做困难决定的时候，通常采用这种姿态。这是一种十分积极的姿态，在别人踱步思考时，最好不要打扰他，除非是他想要问问题。

5. 捏捏鼻梁。往往这个姿态伴随着紧闭的眼睛，表现他正极为关心并且深思其所要做的决策。一个处于自我冲突中的人可能低下头，用手捏捏其鼻梁，来试验他是否真在这个困境里，或是那只是个噩梦而已。在别人表现出此姿态的时候，我们要保持安静，认定他的感觉，而且等他表示他的疑问，不要贸然让他从这个情景里脱离出来。

■ 第四节　搭讪的艺术

社区社交生活难？加快实施“造人”计划、鼓励家中老人参加社区活动、养一只可爱的宠物，甚至培养一种兴趣爱好……这些方式，都会成为你的社区社交生活的一个利器，甚至让你成为小区社交“红人”。

第一招　孩子是天生“破冰外交家”

“孩子是天生的外交家。”一岁半男孩雷小虎的父亲雷先生感慨道。

“以前都是大门一闭，对门是谁都不知道，后来经常带小孩到外面晒太阳玩耍，所以认识不少邻居，有了往来。”

其实，很多家庭的“小区社交生活”中，从尚未牙牙学语的小婴儿到学龄儿童，孩子们往往担任“外交破冰”的重要角色。唐女士在某小区买了一套度假房，周末才过去小住。所以，唐女士从不和邻居来往。没想到，上周末，儿子不经意中成功扮演了“外交破冰”的角色。由于两个小朋友在小区中玩在了一起，进而带孩子一起玩耍的两位家长也开始攀谈起来，邻居老人甚至热情地从自家菜地中采摘了一大把新鲜蔬菜送给唐女士一家尝鲜。“本来完全不认识的两家人，就这样意外而又自然地成了熟人，平淡的一天突然有了生动的色彩。”唐女士说。

看来，活络邻里关系，小孩子就是天生的“破冰外交家”。中山大学心理学系周欣悦博士认为，许多人拒绝与陌生人交往，认为陌生人是一个潜在威胁，而动机单纯的孩子，往往被认为是威胁性低的人群，因此更易于被他人接受和喜爱。

第二招　老人交换食物，热络又愉悦

小区里很多留守老人和从外地赶来照顾子女的老人其实很孤独，如果有一个牵头人或者适合的平台，很多老人是十分愿意交往的。除了参加集体舞等活动，老人们最喜欢的就是交换食物和食材，这既是一种带来愉悦的交往，自己的手艺也得到了肯定。

LUCY 有一个做饭堪称“大长今”级别的妈妈。这位妈妈擅长包粽子，每年过节都会将自己包的粽子送给邻居，几年下来，LUCY 发现自己因为妈妈而变得著名，邻居不知道她的名字，但都知道她是“粽子阿姨”的女儿。

关于老人在邻里关系中的重要作用，有一段微博是这样写的：自从父母来之后，和邻居的关系前所未有地密切起来了，妈妈今天背回一小袋米，过几天居然还带回了两只大闸蟹……当然，妈妈也经常煲了汤拿去给楼管和邻居分享。本来还担心前来照顾自己的父母不适应当地的生活，后来发现自己是瞎操心了。

不一定是昂贵的食物，一些邻居从家乡带回来的土方药材、本地瓜果、腌菜等等普通的食物，老人们也会一起分享。“有一次，妈妈和楼管聊到很难买到好的五仁月饼，结果楼上一家做月饼生意的邻居居然就将一盒五仁月饼送给我们品尝了。”

第三招　宠物身份认同拉近距离

身份认同感是拉近陌生人距离的一个重要因素，比如老乡，比如共同的爱好——养宠物等等。

活络与邻居的关系，有宠物的居民更有优势。心理学有研究成果表明，养狗能够缓解人的孤独感。因为养狗和养猫不一样，养狗的人需要遛狗，小区路上碰见遛狗的陌生邻居，大家从狗聊起，加上共同爱好带来的身份认同，很快就会熟悉起来。

某典型“宅男”小刚，除去上班时间，几乎都在家里度过。已过而立之年的他，经常面对的一个难题就是被父母“逼婚”，但交际圈子相对封闭的他常常感慨“老婆不好找”。然而，这位宅男养狗之后居然还在小区中邂逅了自己的女友，短短半年时间，双方已经谈婚论嫁。“无聊了打游戏、上网，饿了叫外卖，小区里的超市甚至可以送货上门，所以，我想不出出门的理由。”小刚这样描述自己的生活，“邻居当然也不会往来了。但是自从朋友出国，将自己的爱狗丁丁送给我养之后，生活悄悄起了变化。”他与同样养了一条金毛狗的女友，就是在一个傍晚遛狗的时候认识的。“我本来是个内向的人，但是丁丁比我主动。它帮了我。”小刚甜蜜地回忆道。

那么，在社区交际时，如何在第一时间、第一次见面，就找到别人感兴趣的话题呢？

老年人——

最基本的原则是讲过去，每个人都有自己的过去，俗话说十个老头九个好汉，每个人在历史的长河中无足轻重，但在他们记忆的长河中，却是无限丰富的。与长辈们有代沟是因为我们从不倾听他们的过去。

中年男人——

事业有成者，就说事业，说他的房子，车子；事业无为者，就说平平淡淡的生活才是真正的生活。

中年女人——

夸她的孩子。最典型的案例就是：电影电视中一个男人如果追的是单亲妈妈，肯定都是从她的孩子入手的。在她妈还没有接受你时，孩子已经接受你了。

青年小伙儿——

谈未来，未来是虚无的，我们不可能有过多的争论。我们这时只会对未来有一个美好的憧憬。

青年女子——

就说她的长相，她的发型，衣物，化妆品，没有女性完全不关心这些。

少年——

谈偶像，每个少年都会有一个自己的偶像，听他说即可。

儿童——

富有童心一般的套路是，多大了？上学了吗？长什么本事了？给我们表演一个？

怎样的姿态是表达怀疑和秘密的行为？

所有表达出怀疑、不确定性、拒绝和疑问的姿态基本上都有相同的讯息,即否定性!就强度而言所伴随的心态有所差异,但是其讯号常常是大声响亮并且清楚的,例如:“我不买账。”

1. 最明显的拒绝态度就是手臂交叠,身体移开,交叉双腿,头向前倾,有的人还从眼镜上方窥视,仿佛要把所说的话“看”得更清楚点。有的更高级的姿态,我们不易觉察,例如:身体稍微移开,以侧身对着你,而且摸摸鼻子,或是捏捏鼻子等。这些都可能是最具否定意义的姿态。

2. 斜眼瞥视。在别人斜眼瞥你的时候,通常表示怀疑、疑问与不信任的态度。不妨你仔细回想一下,有的人对你说过你不喜欢的话、你不同意的话或是让你怀疑的往事吗?在你说“那些话是什么意思”之类的话的时候,是否曾用斜眼看人?

3. 触摸或是轻轻地擦鼻子,往往是用食指。这种姿态很平常。通常的演说者在他们对研究一个主题的方式或是听众的反应没有把握的时候,常常会摸鼻子。值得关注的是,所有姿态都不是绝对的。有时人们摸鼻子是由于发痒之故。可是,在因发痒而擦摸鼻子和用这种姿势表示否定或是反对意思之间,仍旧有清楚的差异。人们在搔痒或是擦揉鼻子时往往会很用力,但在装腔作势时却是轻轻的。后者的动作优雅,而且通常伴随着一个姿态簇,譬如蜷缩在椅子里,把身体扭曲成侧身姿态,或是身体动来动去。这类姿态的变形是用食指擦揉耳朵的后面。

第五节 赞美的艺术

社区交际生活,需要恪守两个基本准则:

一、不要轻易地直接批评、指责和抱怨别人

任何人对他本人的所作所为都认为是合理的(美国曾在监狱做过调查,包括各种恶性案件,作案者都认为是合理的),所以,在发火之前一定要了解别人这么做的理由与原因。

1. 批评从称赞和诚挚感谢入手；

2. 批评前先提到自己的错误；

3. 用暗示的方式提醒他人注意自己的错误；

4. 应以启发而不是命令的方式来提醒别人的错误；

5. 给别人保留面子。

二、对别人一定要真诚地欣赏与赞扬

这样会使你的人际关系更加和谐，每个人都会有他的亮点，发现他，赞扬他，生活中不缺少美，缺少的仅仅是发现美的眼睛。

只要你的赞美出于真诚，没有一个人会抗拒你的善意。赞美别人时应注意，发现优点是真诚的，发明优点是虚假的。

那么，如何赞美别人呢？

第一，赞美具体化。

空泛化的赞美，虚幻、生硬、使人怀疑动机，而具体化的赞美，则显示真诚，一千遍的你真漂亮，不如说她像哪个明星；你说她眼睛漂亮，也比说她人漂亮要有效得多，正如大话西游中经典之句，"如果让我加上一个时间，那就是一万年"，也算是具体化的一个方面。

第二，从否定到肯定的评价。

这种用法一般是这样的：我很少佩服别人，你是个例外。

第三，见到、听到别人得意的事，一定要停下所有的事情，去赞美。

举例如下，如果一个邻居给你看了他小孩的相片，那么一定要夸小孩，你无声地放回去，别人会很不高兴的；如果一个人提官了，第二天见到他，一定要用大官的称呼去叫他，用大官的职权去恭维他。

第一次认识某人，接到对方名片时，因为名片是一个人成功的写照，所以有三个方面可以夸：

1. 名字本身，如前文所说，文化人出身，生僻字要请教；

2. 看职务，职务越多越要夸，他写那么多就是想让你夸的；

3. 看单位，行政单位要夸，外企也可以夸，因为每个行业都有自己的特色，都是可以夸的。

第四，主动同别人打招呼。

打招呼背后的含义是我眼中有你，越是高层的人越是喜欢同下面的人打招呼，这一点在生活中是很明显的，不高不低的人才不屑于同别人打招呼。

特别是你对门卫、清洁工、保安打招呼时，他们受宠若惊的表现会让你在生活中受益匪浅，如果一个月内坚持这么做，你的人气就会飙升，就会发现每个人都会喜欢你。

第五，适度指出别人的变化。

如果别人认为你瞧不上他，不在乎他，这是很糟糕的。所以指出别人变化的意义是你在我心目中很重要，我很在乎你的变化。

如有人穿了一件新衣服，就夸吧，合身的就夸漂亮，不合身就夸有特色。

第六，与自己做对比。

通常情况下，一般人是很难贬低自己的，如果你一旦压低自己同他做比较，那么就会显得格外真诚。

第七，逐渐增强的评价。

如果你想要得到一个人的心，那么就逐渐增加你的赞美吧。如果你要伤害一个人，那么就逐渐降低对他的评价。

在实践中最贴近生活的例子，就是我们买菜时，如果卖菜者，一个劲从盘子里往下取菜，即使秤杆再高，我们也会不高兴，但如果是他加一个，再加一个，即使秤杆没有往下取的称高，那么我们也会很高兴，这是心理学的普遍定律。

第八,似否定实肯定的赞美。

有一个例子就是姜文批评冯小刚时说,冯小刚有两个缺点,一是心不够狠,二是人太自恋,这是一个似否定实肯定的典型例子,从不接受批评的冯小刚说,他最喜欢姜文的批评,很诚恳。

第九,信任刺激。

经典之语为,“只有你能帮我……能做成……”

第十,给对方没有期待的评价。

如果你夸一个美女漂亮,那么她不会有太多的感触,因为大家都这么说她,所以你就要说她有性格、有素质、有涵养。不要夸丑女和美女漂亮,夸丑女是虚伪,夸美女效果不明显,但是要夸长相一般的女孩漂亮,她会喜欢。

第十一,当一个捧人的角色。

与一个有身份的人在一起闲聊时,要注意把别人的赞扬引到他身上,以彰显我们的胸怀。

间接夸人的小技巧:

1. 传达第三者的赞赏,这样不但能避免尴尬,而且会得到这双方的好感。

2. 当着被夸人的面,对第三者赞美,说者有心,听者也会有意。

第十二,记住对方特别的日子,或是特别的事情,在关键的时候提出来,给对方一个惊喜。

这就需要你平时的积累,好的方法,是在对方联系方式的旁边记上他的生日,妻子的名字,儿子的名字,得意的事情等等。

第十三,了解别人的兴趣与爱好,投其所好。

如果对方喜欢音乐,就谈三大高音;对方喜欢钓鱼就聊鱼杆、鱼饵,这个简单方法的生活例子就是,我们钓鱼时诱饵往往不放我们认为好吃的东西，而是放鱼儿认为好吃的东西，这是同样的道理。

如何判断什么是对方感兴趣的话题呢？

1. 对方的身体语言，眼睛放光，身体坐直等。

2. 对方的话变多，声调变高等。

备战姿态

在人们内心产生某种强烈欲望的时候，常常会快速摆出备战的姿态。表达备战含义的姿态有以下几种：

1. “双手叉腰”。这是一个能够轻易辨别出来的明显姿态。在多种运动比赛里，就常能够看到准备上场的运动员做出这样的姿势来。在年少的儿子或是女儿向父母的权威挑战的时候，也常常摆出这种姿态。另一个和此稍微不同的备战姿态是坐着的，一只手撑在大腿的中央，而上身要微微前倾。

2. 坐在椅子边上。在人们准备好让步、合作、购买、接受或是征服别人的时候，就要移坐到椅子前端，来表示某种公然的行动即将发生的姿势。

3. 双臂分开，双手抓住桌边。这个姿势或者坐或者立，都是要强烈地表示出“注意听了，你这个混蛋！我有话要说”！这是一个意味着强烈的情绪就要爆发的姿势。在人际交往里，当他做出这种姿态的时候，你最好能及早地认清，赶快调停，避免出现大伤感情的尴尬的场面。

4. 向前移进，与此同时推心置腹地说话。这是一种十分微妙的姿态，隐约地表露着侵略性的备战心理。这种姿态往往是向前倾身，移到约13英寸的亲密距离。在身体里表露这种亲密意识的同时，此人常常要降低声音，给你一种印象，认为他所要说的是极端秘密，只能说给你一个人听。实际上恰恰相反，这种姿态表示他惯于要他人服从他的指示，并且还会以此种态度，身体力行地去管制他人。

第六节 留下良好第一印象

有一句谚语是这样说的:第一印象永远不可能有第二次机会。生活中我们第一次见到某某人的时候,心中总会有一个对他(她)的印象。通常所说的这个印象实际上就是指第一印象或最初印象。

在社区人际交往中,如果能给别人留下一个良好的第一印象,就能使自己与别人的人际关系一开始就有一个良好的开端。那么,我们怎样才能通过有意识的努力,使我们在同别人发生相互作用的开初,就给别人留下一个良好的第一印象呢?

在日常生活中,有些人在初次接触陌生人的新的社会情境中,不知道如何恰当地进行自我表现,他们在新情境中的自我表现往往拘谨,自我感觉也不自然,从而很难给别人留下积极、深刻的良好印象。也有的人因为自己的社会、经济地位较高,以至于过分表现,最终给人留下一个恶劣的第一印象。

社会心理学家艾根根据研究发现,在同陌生人相遇的开初,按 SOLER 模式来表现自己,可以明显增加别人对于我们的接纳性,使我们在别人心目中建立起良好的第一印象。SOLER 是由五个英文单词的词头字母拼写起来的专用术语。其中:S 表示“坐(或站)时要面对别人”;O 表示“姿势要自然开放”;L 表示“身体微微前倾”;E 表示“目光接触”;R 表示“放松”。

从上面的描述中我们可以看到,当我们按照 SOLER 方法来表现自己时,会给人一个“我很尊重你;对你很有兴趣;我内心是接纳你的;请随便”的轻松、良好的印象。

著名心理学家卡耐基在《怎样赢得朋友,怎样影响别人》一书中也根据大量来自实际生活的成功经验,总结出了给人留下良好第一印象的六条途径。这六条途径分别是:①真诚地对别人感兴趣;②微笑;③多提别人的名字;④做一个耐心的听者,鼓励别人谈自己;⑤谈符合别人兴趣的话题;⑥以真诚的方式让别人感到自己很重要。

在日常生活中,我们要学会卡耐基总结出来的这些技巧并不难。因为,想到我们每认识一个人就等于多打开了一扇人类世界的窗户,那我们就不难做到真诚地对别人感兴趣,对别人有真诚的微笑;如果我们懂得别人需要有自我显示的机会,我们就能耐心做一个听者,并鼓励和支持人们表现自己;如果我们知道了人需要别人承认他们的价值,我们就可能处处注意对人们的自我价值起支持作用。设身处地想一想,这些我们自己也同样需要。

在社区活动场所,人们彼此之间没有太多的时间来了解你是一个什么样的人,很多人对你的感觉和认知都是通过短暂的接触来确定的,“以貌取人”是现代多数人的“通病”。俗话说“先入为主”,从见到你的一刹那,就开始形成印象,并长久烙印在他心上。

心理学家研究发现,七秒钟的第一印象可以保持七年,一旦形成就很难改变。每个人都会自然倾向于找更多的证据来确定他们已形成的结论,而不会去找证据来反驳它。不管你是否愿意,第一印象总会在以后的决策中起着主导的作用。

所以,第一印象的关键就是建立起对方的信任感。如果能给对方一种直觉,使他认为面前的这个人是可信的,就能消除他对你的疑惑、警戒和紧张心理。在这第一个 30 秒内,我们除了能够让自己做到仪表得体和态度上的礼貌、热情、坦诚,其他的几乎都来不及做。所以,我们一定要注意仪表、服装、发型、配件、公事包,小至皮鞋、袜子都要仔细打点。

一位知名的形象专家说:“形象如同天气一样,无论是好是坏,别人都能注意到,但却没有人告诉你。”服装是自我展示和表现成就的工具。而穿着成功就会给人信任和专业的感觉。越成功的人,越注重自己的社会形象。在外形上接近成功之路者是自己在思想上和行动上走向成功的关键的一步。

优质的服装有强烈的暗示作用,在心理上提示自己表现得要如同自己的服装一样出色。形象是演出来的,明星是被塑造出来的。“你想成为什么人就穿什么衣服,而不是你是什么人就穿什么衣服。”大多数不成功的人之所以失败,是因为他们首先看起来就不像成功者。或者根本不知道什么是成功,当成功的机会到来时,他们自然也不知道如何把握成功。

你希望邻居们能够产生怎样的情绪?希望被邻居们看成是一个怎样的人?假设他们和你聊天后,然后又回到家把你形容给另一个人听,你希望他们会使用怎样的字眼来描述你?事先把你想要的印象设计出来,写在一张纸上,审看,并且问自己:“应该怎样做才能符合这样的一个印象?”

一般而言,我们可以做到:

1. 保持干净、清爽的仪容。
2. 面带微笑、语调愉悦、神采奕奕。
3. 亲切地招呼对方,笑容要开朗愉悦。
4. 让对方从你的第一句话,体会到你的真诚。
5. 稳稳地握住对方的手。
6. 言谈举止充满自信,不卑不亢。

怎样的姿态是寻求信心的?

在一个女人说到或听到某件令她不舒服的事情的时候,一个十分常见的寻求信心的姿态是:把手渐渐而优雅地搁到喉咙上。如果她戴了项链,这种手势就被掩饰了过去,因为那好像只是要确定一下项链还在脖子上。如果你问她:“你刚才说的话,你一定是如此吗?”她或许会极力向你保证她是的，也有可能就变得非常有戒心而拒绝回答你。不论她是怎样，都显露了她实际并不完全信任自己所说的话。

另外一种通常的“寻求信心”姿态是紧捏自己手掌的部分。男人和女人都会运用这种姿态，只是女人尤为普遍。

不同的手指手势，传达了每个人的焦虑、内心冲突与忧惧。小孩要恢复信心的时候就吸吮大拇指；少年人在思虑着考试的时候要咬指甲；纳税的人焦虑期限已到的时候，要把自己的头皮扯痛为止。有时，少年人与成年人还会以咬钢笔或者铅笔来取代咬指甲。有的人不喜欢塑料、金属或是木头的味道，因此就改成咬纸或布了。

假设我们能在需要的时候，给人以信心和保证，这样就能易于赢得他人的信赖与好感，从而愿意与你合作。

第七节　学会积极地倾听

倾听是人际沟通中获取信息的主要手段，学会做一个积极的倾听者也是提高和改善人际关系的有效手段。一般人在交谈中，倾向于以自己的意见、观点、感情来影响别人，因而往往谈个不停，似乎非如此无法达到交谈的目的。实际上，与人交谈，光做一个好的演说者不一定成功，还须做一个好的听众。只有善于聆听的人，才懂得“三人行，必有我师”的道理，才能够利用一切机会博采众长，丰富自己，而且能够留给别人讲礼貌的良好印象。

注意倾听别人讲话，还可以同时思考自己所要说的话，整理自己的思想，寻找恰当的词句，以完善地表达自己的意见，给人鲜明的印象。因此，从某种意义上说，在社交场合受大家欢迎的人，大都是爱与之交谈的人，并不仅仅在于他能说会道，而重要的是他会听。因为交谈中只有既讲又听才可以满足双方的需要，也只有如此，才能使交谈顺利进行。如果只顾自己讲，不想听对方说，则一定是交谈中的“自私者”，当然会被人拒之门外。

与此同时，听还可以了解对方是否真正理解你说话的含义。听，可以获得必要的信息。注意聆听别人的讲话，从他说话的内容、声调、神态，可以从中了解对方的需要、态度、期望和性格，他们会自然地向你靠近，这样你就可以与很多人进行思想交流，建立较广泛的人际关系。

外国曾有谚语说“用十秒钟的时间讲，用十分钟的时间听”。而在人们面对面的交谈中，讲与听是对立统一的，认真地去听，可以收到良好的谈话效果。因为听，同样可以满足对方的需要。认真聆听对方的话，是对讲话者的一种尊重，在一定程度上可以满足对方的需要，同时可以使人们的交往、交谈更有效，彼此之间的关系更融洽。能够耐心地倾听对方的谈话，等于告诉对方“你是一个值得我倾听你讲话的人”，这样在无形中就能提高对方的自尊心，加深彼此的感情。反之，对方还没有把将要说的话说完，你就听不下去了，这最容易使对方自尊心受挫。

在社区交往中，善于倾听别人的发言，既反映出一个人的礼仪修养，也是一种高超的交际艺术。社交中善于倾听别人的发言是对他人的尊重，有时还有助于问题的解决。

那么，什么样的倾听算是善于倾听呢？心理学家给出的答案是“同理心式倾听”。

当你聆听别人的时候，可以尝试站在他的立场，从他的角度来探究世界，设身处地地为谈话者着想。

有些倾听者被对方的情绪驱使，以为自己可以解决别人的问题，于是提出诸多建议，但其实这些建议不见得会对对方产生实质性的帮助，更不是对方所期待的，因为你并没有站在对方立场，你的反应很可能会让对方感觉，你是在趁机表现自己，而非关心他。

倾听者应该知道，你的建议，并不能完全解决别人的问题，你唯一能够做的，就是表现出足够的理解和体谅，用心去倾听他的谈话。此外，可以做一些恰当的交流和引导，让对方在倾诉中对问题有更深入的认识和了解，并且鼓励他依靠自己的力量，寻求问题的解决之道。

在倾听的过程中，为了体现你的专注，你可以显示出对他谈话的兴趣，全神贯注于对方身上，目光自始至终地注视着谈话者，避免做一些分神的动作，比如翻翻杂志什么的，更不要打断别人的谈话。通过身体语言，传递你想要传递的信号，如用点头表示对他的赞许和支持，当然你也可以在倾听的过程中喝一杯茶。最主要的是，你能够真的做到用心倾听，而不是摆出某种姿态，对方是能够分辨出你的心意真假的。

你可以用你自己的话，重复一遍你所听到的内容，如“你认为……”这种方式，既可以表示你用心倾听了他的谈话，也给了他一个机会，使他能够再次听到自己的话，做一些补充和修正，将思路整理清晰。

你还可以适当地从你的角度评价对方的感情状态，如“你这样难过，对……”对方可能没有意识到自己的感情，这样你的评价就有可能说到重点，使他意识到自己的问题所在。

事实上，一个好的心理学家就是这样倾听来访者的谈话的。在所有的倾听方式中，这是最好的能够深入他人内心的方式。

生活中处处需要倾听，倾听的能力并不是与生俱来的，需要花费很多的时间和方式来进行培养。心理学家认为，倾听与沟通的能力对于建立人际关系、合作协调是非常重要的。人际关系由多种成分构成，其中最主要的是相互认同、情感相容和行为相近，只有具备这几个因素，一个人才能产生人际吸引，形成良好的人际关系。而人们只有在信息交流、相互了解、满足交往需要的基础上，才能达到情感相容、行为一致。因此，倾听和沟通是人际关系中首要的关键的心理环节。

在倾听时应注意以下几点：

1. 要专心

倾听时要精神集中，神情专注。为表示自己注意倾听，要多与对方交流目光，别人讲话时要适时点头，并发出“是”、“对”、“哦”等应答。但不要轻易打断别人的谈话，也不要随便插话，若非插话不可，要先向对方表示抱歉，并征得对方同意，如“对不起，我可以提个问题吗？”或“请允许我打断一下。”

2. 要虚心

交谈中要尊重对方的观点，即使你不同意别人的看法，也不要轻易打断别人的谈话。如确有必要，需等人家讲完后再阐明自己的观点。特别是对方还没有充分地把自己的意思表达清楚的时候，不要轻易表态，乱下断语，也不要挑剔批评。这样会让人感到你有一种优越感，影响交谈的进行。

3. 要耐心

交谈中要注意控制自己的情绪。有时会因为对方过长的发言或自己不感兴趣的话题而感到厌烦，这时要学会控制自己的情绪，不要使之表露出来，要耐心听他把话讲完，这是对讲话人的尊重。特别是对方有意见的时候，要耐心倾听，给对方提供宣泄自己不满的机会，有助于问题的解决。

怎样的姿态是表示合作的？

“人们生来就应该互助合作，如手，如足，如眼睑相依，若唇齿难离。”你必定有过很多次惨痛的经验，一个原本非常合作的人，忽然在某一点上，所有的都变了，事情也就弄砸了。那人原本亲热地呼你的小名，忽然就正经地连名带姓称呼你。他的微笑也会变成了皱额撇嘴、眉尖微蹙，也许他还故意低下眼来瞪着你看，这个时候你也许会变得手足无措了。

为了预防这样由合作转为不合作的情况产生，我们要懂得由观察对方的动作来推敲他的反应，在他发出首个不同意的讯号时，就马上重新评估自己的言行。下列是几个表示愿意合作的姿势：

1. 坐在椅子边上。要是这个动作与其他一些表示感兴趣的姿势一起出现的话，无疑是一种愿意合作的讯号。例如，在买下推销员东西的时候，他是大半个身子不在椅子上，而是全身重量都移到椅子前，表示出极为热切的模样。

2. 手放在脸颊边。这个姿势代表的含义很多，从传递无聊到评估对方，都运用这种姿势。因为评估之后他或许会对你有好感，所以这也可被看作是表示某种程度合作的姿势。假设10个人都坐在椅子上，都跷着腿，其间5个人手摸着面颊，常常大部分人都会以为那些手挨着面颊的人是相对愿意合作的人。

3. 外套不扣扣子。这种姿势不但表示出对方敞开胸怀愿意接纳你与你的点子，并且表明他正注意倾听你的陈述。

4. 以官衔称呼。这表明对方对你所说的事情很感兴趣，而且有合作的可能。

第八节　恰当的自我表露

我们经常用心心相印、亲密无间以形容两个人的关系密切，的确，比起关系疏远的朋友或关系一般的朋友，那些和我们关系密切的朋友，总了解着我们更多的私人秘密。心理学家认为，恰当的自我表露可以密切双方的关系，同时也有利于个人的心理健康。

自我表露是人们自愿地、有意地把自己的真实情况告诉他人的一种行为。不过，我们必须认识到“恰当”两个字，在社区交往之中，恰当的自我表露就是成功的自我推销、自我介绍艺术。反之，不恰当地表露自己则是犯忌的。

也就是说，自我表露也是讲技巧的。

一般来讲，如果自我表露过度，容易给对方带来压力。因为在人际交往中，是遵循对等原则的，即我们每个人心中都有一个天平，衡量着别人给了我们什么，我们又能给别人带来什么。而一旦自我表露过度，就会让对方产生压力，觉得自己也只有敞开心扉才能维系心理平衡，此时信任关系并没有建立起来，很多人是不愿意将“私下自我”暴露给不信任的人的，另外，过度的自我表露还容易让对方觉得你不可信赖，觉得你可以轻易地表露自己的秘密，也就会轻易地暴露对方的秘密，继而让信任大打折扣。

那么，在人际交往中我们该如何恰当地把握这个“度”呢？

自我表露的程度相当于三个同心圆，由外向内分别为“表面的想法”、“接近内心的想法”、“内心的想法”，因关系深浅的不同，自我表露的程度也应该不同。比如说，和一个人最初相识，一般情况下只需表露表面的想法；当与对方关系深入发展建立一些信任的关系时，表露接近内心的想法；而当与对方关系达到了非常信任的程度，再表露内心的想法。

由此可见，自我表露是把双刃剑，是促进人际关系还是破坏人际关系，最关键的是要看你把握的技巧了。

在社区社交中，出于某种需要，必须适时地表露自己，包括个人才华、思想见解、处事态度、品格风度等，目的是让对方更好地了解自己、信任自己。

自我表露是非他人强迫情况下无意识和有意识地吐露真情。一般说，在自我表露时，需要禁忌下列几种情况：

1. 表露过量

表露是相互的、适度的。如果对方向你坦述真情，也应以诚相待向对方倾吐。反之，自己若向对方谈了一堆真情，对方却一言不发，守口如瓶，那么对你来说这就是表露过量。

2. 表露异常

有的人在和邻居交谈时，由于一时兴奋和冲动，忘乎所以，把自己人生的苦恼和看法一股脑儿都倒了出来。这种异常的行为，不仅会让对方讨厌和轻蔑，且容易造成对方的误会。

3. 表露过深

古人云：交浅言深误世人。一般说，初次打交道的人，不宜谈论过深；反之，有让人感到不成熟和别有用心之嫌。试想，如果初次见面就把自己的老底托出，还能指望今后的交往保守秘密吗？

4. 表露时间、场合不宜

心理学家研究表明，相逢时间较短的人容易表露自己，而长期相处的人往往互相隐藏内心秘密。一般来说，人在初次见面时最需要自我表露，这有助于互相迅速了解、熟悉。需要相处好长一段时间的人不宜轻易表露自己，应通过长期交往建立信任和联系，加深感情。

自我表露一定要注意场合，在大庭广众之下不宜表露过深。否则，反而失去了吸引力和神秘感。当然，几个朋友聚会，互相推心置腹地长谈，如果你一言不发，反而让人感到奇怪。

5. 表露对象忌无选择

一般来说，自我表露的对象应该有些选择。当自己向别人表露内心时，应该寻找：

(1) 对自己体贴之人和休戚相关之人；

(2) 与自己关系不断变好之人；

(3) 刚开始相交需相互认识之人。

最后值得强调的是，自我表露是自己把经过挑选、加工的信息告诉别人，所以，无论是表露者和接受者，均应注意，表露内容并不是绝对客观的和绝对正确的，应该加以分析和选择。

也许你认为自己是一名性格内向的人,或者你不擅长谈论你自己,为了获得更深层次的社交联系,你必须能够有效地谈论你自己。

有效地谈论你自己,意思是你需要掌握好自我表露这门艺术。自我表露,并不意味着你要变成夸夸其谈的人,或是在每次谈话中都占据主导地位。其实,基本准则只是向别人提出问题,成为一名好的倾听者,并让他们谈论他们自己,就能把注意力从自己身上转移走而聚焦于他人身上。

但是,这只是基础。因为仅仅把焦点集中在别人身上,虽然是打破沉默的僵局并向他人学习的好办法,但如果你从来都不谈论你自己,你的兴趣和爱好,那你其实并没有建立一种有意义的人际关系。按照定义来说,好的对话或会谈——不论是和你从未见过的人还是你的熟人进行的——都需要有来有往。

透露一点关于自己的信息的好方法之一就是利用诸如"你好吗?""最近怎么样?"之类的问题。尽管,这些都属于典型的未加思索脱口而出的问题,但是,如果你希望能够引人注意,它们就提供给你了一个没有坏处的自我表露的契机。

以下是一些关于你怎样才能够更轻易也更自然地谈论你自己的办法:

1. 聚焦于最近取得的成功

在工作上或个人生活里,上周或前两周里你都完成了什么让你感到骄傲的事情?如果你争取到了一位新客户,超额完成了你的季度销售定额,在你所属的行业的商业刊物上发表了专栏,接受了当地报纸的采访,或仅仅是做了一场演讲,那就在你的回答中把这些事情加进去。

如果你没有"大的"成功的话,也不要担心。即使是提及类似于读了一本书这样的小事也比仅仅回答说"挺好"或"还成"要更好。

2. 讨论一个目标

这是建立联系并展露自己的一个良好方法。提及一个你付出了很大努力想要达到或几乎已经完成了的目标。比如“马拉松赛还有两周就要开始了，我一直都在刻苦训练”或“因为训练，我浑身都很疼”。

也许，你没有为了参加什么比赛而进行训练，但你也可以很容易地把你的目标融入到对话中去。让别人谈论他们的目标也是一个非常好的方法。

怎样的姿态表示挫折的姿态？

人在一颦一笑、一字一语、一举一动中都传递着讯息，一种身体中的语言，惟有在他的躯体意欲如此行动的时候，才能出现那样的动作。在人遭受挫折时，通常要表现出以下的姿态：

1. 十指交叉紧握。一个人在十指交叉的时候，不管手是放在桌上还是腿上，他往往会将两个大拇指互相摩擦或是互绕小圈子。这种姿势是种遭受挫折的表现。有的时候，交叉的十指还表现出遗憾、沮丧的情绪。在痛失良机、痛失爱侣的情况下，也会表示出这种手势来。

双掌交握是一种与十指交叉相对的姿势。往往在讨论会里众人注目的焦点人物采取这种姿势，在有人要求他回答一系列棘手问题的时候，他就会采取这样的姿势。

双手紧绞在一起的人时常是精神紧张且难于接近的，碰到这种人，要设法让他放松。让他放松有一种颇有效的小技巧，就是在谈话时略微倾身向他靠拢，来表示对他的信任和鼓励。

2. 握拳的姿势。基本上握拳是一种暴力的姿态。在达尔文《人类与动物的情绪表现》一书里他就指出，握拳的姿势代表一种决心、愤怒，或许也是种含有敌意的行动。更进一步讲，他关注到一个人握紧拳头的时候会在他周围引起连锁的反应，使对手也握紧拳头。这种情形发生在一场激烈的争吵中时，当然要引来一场真正拳头相向的肉搏战了。有的时候人们或许并不在乎他人看见自己双手握拳，可往往他们都会下意识地把握拳的双手插在口袋里，交叉藏在腋下或是放在身体的背后。

3. 竖起食指。大部分的时候，我们都不喜欢谁拿指头直指着我们。在激烈的争辩中，人们用手直指对方的情形是十分常见的，有的人更惯于运用眼睛来加强他那伸出的手指手势，来表示申斥、警告或是加强语气。因为处于困窘之境的人往往都比较难于与他人合作，所以，除非对方已明显表明出敌意或是拒绝，否则最好不要用手指指人，避免陷对方于困窘之中。

4. 手放在颈背上。这样的姿势被称为“防卫式的攻击姿势”。在需要防卫的情况中，人们的手会不自觉地放到脑后。女人特别善于运用这种伪装，她们伸手向后，撩起头发，并且相信自己这种动作是由于“他老是碰我的头发”。在体育活动里的运动员或是经理人在第一局结束的时候，脱下帽子或是头盔后就会常出现这种姿势，有的时候当他情绪更激动时，甚或要愤怒地把帽子或是头盔摔在地上。

5. 踢地或踢所幻想的对象。在人们感到生气、受挫或是困扰时，都有种想去踢门的冲动，或是用轻踢地面来表示不满或者厌恶。有的人在考虑一件事情的时候，通常也会轻踢着地面，仿佛像踢皮球般地把事情踢掉。

6. 鼻孔朝天。似乎这是一个在世界各国都用来形容一种不高兴或是拒绝的姿态。即便连幼儿也晓得要转过脸去以表明拒绝他不喜欢的食物，并且他们会尽量把头向后仰，以致鼻孔朝天，好像在躲避那种他所不喜欢的味道。伴随着这一动作会出现一种被形容为“从鼻孔下面看人”的低垂的眼神。

7. 呼吸急促。有的动作与声音通常会一起出现。牛一生气是要呼噜着大声从鼻子里喷气。人紧张了也要变得呼吸急促，让空气从鼻孔中咻咻作响地进出，很像牛在大喘气。在悲伤的场合里，感情激动的人常常要深吸一口气，再缓缓地吐出去，接着发出一声很长的叹息。呼吸声在表达焦虑或是讨厌的讯息里扮演着很关键的角色。在人际交往中，当对方呼吸变急促的时候，你要提高警惕，紧急刹车，来避免困窘场面的出现。

第九节　善于处理冲突，避免争论

冲突既不是好现象，也不是坏现象，它很可能是契机。

处理策略：

正确回避：忽视、沉默或拖延，暂时缓和矛盾，并没有真正解决问题。

避免支配："自我中心"，不能尊重对方的利益来满足自己的利益。如争吵、打人、羞辱。

恰当让步：只求部分满足各自的利益，一种最实际、最容易达成的解决方案。

主动和解：公开交换信息、意见，对双方的分歧表示理解，寻求双方都能接受的解决办法，达到"双赢"。具体表现可能有：协商、共同合作等。

什么是冲突？

每一个人活在这个世界上，不可能孤身一人过完你的人生，天天都要与人相处、交往，但是在交往的过程中，常常是相见好、相处难，很多时候都会产生冲突。冲突的双方一定是彼此有关系的；冲突就是大家有不一样的意见，不一样的想法，影响到对方的时候，就会产生冲突。所以想法、做法、性格、生活方式、过去的家庭背景不一样……都会导致冲突产生，所以冲突在我们的日常生活中到处可见。

为什么会产生冲突？我们可以归纳为以下几点：

第一是彼此之间有误会。既可能是沟通上面产生误会，也可能彼此想法不同产生误会。有句话是这样讲的:“说者无心,听者有意。”

第二是彼此的差异。除了沟通之外,我们彼此之间的很多价值观念也是不一样的、目标不一样、才干不一样、优先次序不一样、期望不一样、兴趣不一样、看法不一样……像这些种种不一样,也会造成一些关系上的冲突。

第三是有限的资源。比如僧多粥少的情况之下,就会产生一些矛盾或者是冲突。

第四是不合适的态度。其实有时候动机是很好,只是被对方误会了;当被误会了之后,本可以用很和缓的方式来解释,可是,因为被误会之后,可能会心里一急,很生气!就会导致讲话的态度不是很友善,说不定就会骂人。其实原本可能是没事的,但是由于采取不合适的方式处理,就导致冲突会越来越扩大,裂痕会越来越加深。所谓“言语暴戾,触动怒气。”

在我们的一生中,我们都难免与人有意无意的产生冲突,人际关系的冲突会影响我们人际交往的各个方面。如何有效地处理冲突是我们一生中要学习的功课。除非人与人之间的感觉都是一样的,才能避免冲突的发生,但是这实在是不太可能,我们内心的冲突也常常让我们难以抉择。

那么,有没有可能让我们避免冲突呢?

冲突像一个不速之客,它常常在你意想不到的时候出现;你必须马上出来应对,所以我们要有些准备,在突发的时候,才知道如何在面对冲突的时候,能够有效地应对。

其实冲突可以化危机为转机。

冲突在经过处理后,也会有好的结果。所谓不打不相识,有些冲突,在双方把问题说清楚的时候,反而容易去欣赏对方的优点,品格。冲突本身是生活中很正常的事情,如果我们能够把它处理好,就会有更好的效果。

人与人之间冲突是难免的,如果在必要的情况下,愿意谦卑的向对方道歉,请求对方的原谅和谅解,并且承诺会改进服务,相信一定会与对方建立好的关系的。

冲突的益处:

一、它可以增加彼此之间的了解。

二、冲突让我们彼此成长。

冲突有时像红绿灯中的黄灯。当黄灯亮的时候,你就需要放慢速度了,提醒你如果再不减速,就要发生危险了。当发生冲突的时候,你就要思考:“是不是哪些地方需要改变?”这是一个很明显的提醒,这是一个反省自己很好的机会。看看自己用的方式是不是需要调整?如果用的方式是有效的,就可以继续用;如果那个方式不是很合适,会造成一些反弹;或是彼此之间的关系更加紧张,冲突更加强烈,那就要思考是不是应该改换个方式做,所以在冲突发生的时候,也是一个自我检讨的机会,它让我们彼此成长。

很多人刚刚开始的时候,关系很好,或是很客气,这个时候是“蜜月期”,不论是什么关系,过了蜜月期,冲突就开始产生了。如果你没有处理好冲突,关系就决裂了;如果你处理好了冲突后,两人的关系就会进入到另一个阶段:更加了解对方,彼此间的信任程度越来越高,可以坦诚以对。

当对方伤害自己的时候,要学习着如何去接纳、去包容对方,帮助自己培养更豁达的心胸。这都是帮助我们成长的机会。所以不要小看冲突,不要逃避冲突,不要拒绝冲突。当我们知道冲突是无法避免的时候,我们可以好好地学习处理冲突,把冲突从负面状态变成帮助你的机会,使它成为强化我们人际关系的方式。

但也有很多的人,在面对人际关系冲突的时候,他们是采取比较消极,或者是负面反击的方式来处理问题。人们回应冲突的方式一般有三类。

第一种回应冲突的方式:否认。

其实人们都不太想面对冲突,因为我们其实是非常爱好和平和注重人际关系的,所以大部分人在遇到冲突时,就会选择否认的模式。

第二种回应冲突的方式:逃避。

两个人吵架的时候,一定有个逃,有个追;常常一方会说另一方,另一方为了不让事情扩大,常常选择沉默是最好的方式。

中国是礼仪之邦,所以我们大部分人刚开始会逃避或否认冲突的存在,可是,当积累的太多,撑不下去的时候,就会从一边急转到另一边,开始攻击了。而逃避型的极端是到最后冲突太大实在没有办法面对时,就有了很多现在文明病的产生,比如忧郁症就是其中一种。很多人压抑到最后,患上忧郁症乃至自杀结束生命,为的就是逃避冲突。

第三种回应冲突的方式:思考、分享,和平解决。

逃避型是假装和平的冲突处理方法,而攻击性是破坏性的冲突处理方法;那么现在这第三种方式是创造和睦、用和平的方式来解决冲突的方法:包括协商、商量,两个人意见不合可以通过良性的沟通,大家都把问题表面化,看看有什么方式来解决?

逃避型的处理冲突方式通常是以自我为中心,逃避是他们觉得最好的方式。比较消极,不愿意做什么改变;如果是攻击型的,通常是以你为中心,就是要求别人改变,如果别人不改变,就会做一些加害别人的事,或者恐吓他人使其改变,这就是标准的以你为中心;而创造和睦的方式,是以我们为中心,不但顾虑自己、也顾虑别人。所以当我们意见不一样的时候,一定要为别人多考虑,看别人有什么考虑和需要,互相换位思考,然后综合所有的东西,找出一个共同解决问题的方式,这是以我们两个人为中心的解决冲突的模式。

那么冲突到底有哪些层面?

第一个层面:实际的层面。

所谓实际的层面就是指出问题到底出在哪里?我们为什么会有这些冲突?这种问题通常是很明显的。冲突是在差异里面,我们常常有冲突,是因为两个人意见不一样、兴趣不一样、看法不一样……这都是属于冲突的实际层面的差异。

解决方案:大事求合一,小事要有弹性。

要想解决冲突,先要发现:到底是为什么而吵?所以解决冲突里有一个最基本的要点:化异求同。那么要先搞懂两人之间的异是什么?这个异就是实际层面。解决冲突的实际层面的问题,有一个原则可以作为参考:要先搞清楚,这个实际层面到底是大事还是小事。大事求合一,小事要有弹性,所以大家先要对什么事是大事,什么事是小事,通过沟通做界定!原则、规则就是大事,就是很根本、很重要的事情。所谓规则就比如打篮球,总是先要把这些规则谈清楚。

要知道彼此之间的差异,也要知道哪些东西要坚持、哪些东西要放手,这是一种艺术。

第二个层面:沟通的层面,方向对不对。

解决方案:听很重要,三思而言。

其实在沟通里,听是很重要的,要能真正听出对方的想法和感觉,才能了解问题的关键在哪里。而要怎么说让对方才能听得清楚也很重要。听的人要很留意你所听的话,最好这样沟通:“你刚刚讲的是不是这个意思,如果是的话,我们之间没有什么误会;如果不是的话,那我们可以趁这个机会,把我们彼此双方的意思说明白。”

我们还要留意,在讲话的时候,话语本身是带有方向性的,也就是我们不太留意,讲这句话会有什么样的后果。比如说我们是属于正向的,这话会带来鼓励,会让别人比较开心,里面的关系会带来比较亲密、正向的成长,是属于关心性的,这个就很好。但是有时是拆毁性的、负面的,是反方向的,会让对方有挫折感、会生气,那就会把你们的关系破坏掉,或者这个人会受伤。所以讲这句话的时候,方向是往哪个地方走,很重要。

第三个层面:象征性的层面,使用了不同类型的语言。

沟通有三种语言:一个是叫感性语言。当我们在讲:“我今天心情很好,我今天很开心!”或者“我现在心情非常的挫折,我现在的心情不好,我感觉我很伤心!”或是“我很忧虑!”都是在讲自己的感觉,叫做感性语言;

理性语言。当我们讨论事情,对事不对人时,是用理性思考,用的语言就叫理性语言;

另外一种是行动语言。行动语言一般都是上级对下级,比较权威、命令的。

我们在讲话的时候,通常会运用这三种语言交流。但我们在某种场合,我们会用感性语言;有时候我们在另一种场合用的是理性语言;有时候用的是行动语言。如果说你不留意对方和你用什么语言在讲话,你用不同的语言去回应的时候,就会造成冲突。

解决方案:留意对方目前是用什么语言在沟通,就用什么语言跟他沟通。

如果对方在用感性语言跟你沟通的时候,你却给他解释一大堆道理,这样他一定听不下去。

怎样的姿态是传达信心的?

有信心的人说话从容不迫,并讨厌遮嘴掩鼻和搔头等手挨脸的动作,所以要判断出有信心动作时,必须注意和感觉正好相反的怀疑或否定的姿态是不是出现。传达信心的姿态有以下几点:

1. 尖塔的姿势。就是把两手指尖合在一起，形成一种“教堂尖塔”的手势。这是种有信心的动作，有的时候也是表示装模作样、主教式的、自大或骄傲的姿势。此时它传达出对方对自己所说的事情十分肯定。尖塔姿态还有公开和隐蔽两种形式。

妇女通常用隐蔽的形式和一种低姿态的尖塔动作，她们坐着的时候把手搁在膝上，站着的时候把合着的手轻放在腰的位置。职员、律师与学院院士等处理行政业务的人，常常摆出尖塔的姿势，并且自视愈高的人，尖塔姿势的位置也愈高，有的时候甚至到齐眉，从手缝里往外看人。

另一种比较优雅的尖塔姿势就是两手紧合，这是尖塔姿势的基点，这是表示信心的一种很普遍的姿势。

2. 两手在背后相握，下巴抬起。这是种权威的姿态。在平时生活中，我们能看到某些在街上巡逻的警察，就是背手挺胸，翘起下巴，走来走去。在一些大企业中，公司的厂长、经理，或是军队的高级将领等也往往采用这种姿势。背手还能给人一种镇定自若的影响。假设你将进入考场，不妨背着手走进去，你会发现你的情绪的确要稳定很多。

假如双手背在身后，一只手抓住另外一只手的手腕或另一只胳膊，这样的姿势就要另当别论了。课堂中，当老师要学生站起来回答问题的时候，心理紧张的学生常常自觉或是不自觉地采用这种姿势，在背后紧紧抓住手腕或是胳膊，来控制自己的紧张情绪。通常害羞的少年在陌生人面前也会不自觉地采取这种姿势。在这样的控制性的姿势中，手握的位置越高，表明情绪紧张的程度也越高。如果恢复到背手的姿态，立刻就给人以镇定自若的感受。

3. 咯咯的声音。发出这种声音的时候，舌头是向上升到口腔的上颚，接着迅速地松落。往往在发出咯咯的声音时都要配合着一种自满的动作，例如劈劈啪啪地弹指头，或者两手相击，就像一手拿着瓶子一手拍打瓶盖一般。在聋哑人所用的手势里,就有一种和这个十分类似、用来表示"工作圆满完成"之意的手势。

4. 身子向后倾,两手支着后脑勺。这是种很轻松的姿态,表明说话人对自己所说的话十分有把握。

姿势还能表明领域权、支配和统衔。拉出抽屉把脚放在上面,或者是把一只脚或两脚放在桌上或椅子上之类的姿态,都是领域权的表现姿势。

chapter 3 >>

第三章 良好的人际交往心态

第一节 宽容的心态

有一位女性,才华容貌都很出众,可在事业上却一直不顺利。为什么呢?很重要的一个原因就是她太精明了。每次与人见面聊天,总是听她抱怨、指责别人,这些人包括她的合作伙伴、朋友以及下属,她会一针见血地指出每个人的缺点和不足,然后抱怨同这些人相处有多么困难。

大家劝她:与人相处要尽量地看人长处,用人长处,不要老盯着别人的缺点不放。但她依然如故,自己的生活也依然很不顺心。

有不少优秀的人可能有着与这位女士同样的毛病。

他们自视甚高,自律甚严,在他们眼中,周围的人身上全是毛病,他们用自己的标准和好恶去衡量、要求别人。他们不乏精明,但少了一份聪明的糊涂和容人的胸怀。这样的人在需要处理某些果断的事情上面也许还行得通,但大多数情况下不受欢迎。

严于律己,宽以待人。在社区交际时,我们应该有意识地区分朋友和邻居。朋友一般都意趣相投,大家有许多相互欣赏的东西及感情的因素,朋友之间合不来了,少来往就是了,而邻居却还要低头不见抬头见。因此,对于邻居则更要有一份宽容的胸怀，你完全可以无视他以你极不赞成的方式生活、娱乐，因为他这样是他自己的自由。

如果你与邻居们在性格和其他方面确实有不可调和的矛盾，要记住除了进进出出时会碰到外，在其他时候、其他地方，你可以对他敬而远之，没有必要按照你的道德标准、生活方式去要求他。一些不伤害原则的小地方更是要求你忍让、宽容，也许他爱占些小便宜，也许他生活不检点，也许他品位不高……所有这些只要不妨害你的切身利益就行了，把这种包容心看成是对自己的修养，何乐而不为呢？

1995 年，联合国教科文组织第 28 届大会通过《宽容原则宣言》，宣布每年 11 月 16 日为国际宽容日，旨在强调多元化社会里，应通过普及宽容方面的教育使人们平等、和谐、和平地生活在一起。

《宽容原则宣言》提出，要采取一切必要的积极措施，促进社会宽容，因为“宽容是实现和平，提高所有人经济、社会地位的一项宝贵且必要的原则”。同时，宣言也指出，宽容并不是简单地指“容忍他人行为”，而是指承认他人的权利与自由，包容各国的理想与文化，不仅对自己负责，也要对他人负责。

联合国秘书长潘基文曾经发表致辞时说，奉行宽容有助于消除偏见和歧视。他说，积极宽容应始于每人，始于每天。

学会了宽容，就有了一份很好的人际关系；

宽容是一种忍耐。忍耐意味着理解，也伴随着宽容。

宽容其实是简单。要学会简单的思维模式。

宽容是谅解。

仇恨是什么？仇恨就是你心里长的一个毒瘤，它会随着仇恨的增长而在你的体内长大。恨一个人，无论是对自己还是对对方都没有任何好处，要消除仇恨则需要谅解。只有懂得宽容的人才能更快乐地生活。给别人带来幸福的同时，给自己也带来快乐。

宽容大度不会伤人和自伤。“将军额上能跑马，宰相肚里能撑船”，为人处世要宽容大度。何不长一个“宰相肚”，给别人一个宽松的环境，也给自己一片广阔的空间，让别人好过，也让自己好过。

一个宽容的人是厚道、耐心、开明、谦逊、友善的人，同时也是有深谋远虑和聪明智能的人。如果你真的有一个“宰相肚”，相信天下难容之事和难容之人都将如百川归海，你将敛聚众多人心。

歌德说：“人不能孤立地生活，他需要社会。”良好的人际关系，不仅能给人生带来快乐，而且能助人走向成功。而宽容的品质则是建立良好人际关系的基石，在相互宽容谅解中求得共同的发展和进步是一种良好的愿望。一个人只有具备了宽容的品质，才会懂得理解和尊重他人，才会有爱人之心，有容人之量，成为识大体、顾大局的人。那么，如何做到心态宽容呢？

一、控制好自己的情绪

情绪是一种变化无常的东西，要想拥有一颗宽容的心，就必须首先控制好自己的情绪。情绪控制得好，可以将阻力化为助力，帮你解危化险、明晰事理，在山重水复处开辟一条通向成功的新路。情绪若处理得不好，便容易激动，产生一些非理性的言谈举止，轻则误事受挫，重则给他人造成心理创伤，既得罪了人又误了事。

如果真的有人让你无比气愤，你也应该努力克制自己在盛怒下的情绪，这不仅是个人修养的体现，也是理智的表现。在你采取任何行动之前先数到十，要是极度愤怒的话，就数到一百。

怒气不亚于一座“活火山”，一旦爆发既会伤害到别人也会伤害到自己。同时，怒气又是一种奇怪的东西，只要给它一点时间，稍稍耐心地等一下，它就会自己溜走，但是一旦你给它行一个方便，它就能惹出更多的怒气,变得一发不可收拾。

怒气只能衍生出恶言恶语、争吵打骂,最后的结果必然是感情出现裂痕,友谊破裂,甚至“冤冤相报,无休无止”。这座“火山”喷发的火气只能灼伤自己,烧痛别人,周围的人和你结怨的结怨,无仇的有恨,无恨的远离,最终你将成为一个孤独的人。

一旦发现你体内的火山有爆发的倾向,就应立即制止或者把它发泄掉,但必须在不伤害自己和他人的前提下进行。

1. 将“怒火”扼杀在摇篮里

任何一种情绪在刚开始的时候都是容易克制住的。当你开始觉得不愉快、气愤的时候,不妨尝试着延迟开口说话和反驳的时间。“10 秒钟之后……20 秒钟之后……我再说话”,或者干脆在充满怒气的时候不要说话。

2. 多回头想想

不要一味地想对方怎么让你恼怒,多“回头”想想:他并不是我不共戴天的仇人;他并没有怎么损害我;也许他并不是有意的。

3. 找个“出气筒”

要是能够在不伤害他人的前提下把怒气发泄出来,也是很好的办法。比如,可以在生气的时候逛街、吃零食,以此忘记恼怒的事;可以找个空旷的地方,大声喊出你要说的话;可以把一腔怨恨写在纸上,或者乱写乱画……总之,办法多的是,多掌握一些控制和发泄愤怒的手段,有利于你自己的身心健康,也利于你和周围的人更加融洽地相处。

二、赏识别人的优点,包容他人的不足。

古人说得好:“尺有所短,寸有所长”。“金无足赤,人无完人”。每个人都有优点和不足,世上有能人,但绝对没有完人。每个人独立的个性差异决定了人与人之间的矛盾不可避免。要解决这些矛盾,就必须具备宽容。宽容的前提是什么?是赏识,只有会赏识的人才有宽容的品质,也只有具有赏识之心的人才称得上是宽容的人。我们知道,人性中最本质的需求就是渴望得到赏识,人都是为了得到别人的赏识而活,不会是为了挑剔而活。百分之百的人从内心都是愿意和赏识自己的人一起工作、一起生活,而不愿意和整天挑鼻子挑眼,对这不满意那不顺眼的人在一起。每个人或多或少都有这样或那样的不足,因此,要做到宽容,就要学会用"电脑窗口"功能,看他人优点时最好使用"最大化",看缺点时和无关要紧的事最好使用"最小化"。

三、提高素养,开阔视野。

人与人之间的封闭、孤独而不善交往,就会让人心胸狭窄,宽容也就无从谈起了。因此,要尽可能地创造条件,广交朋友,多见世面,不要把自己固定在自己固有的小天地里。同时还要不断加强学习,提高自己的素养,激发生活的热情,让生活充满阳光,让心灵充满阳光。充满阳光的人生不正是我们所要追求的么?

四、正视自己,善待"弱者"。

认识自己、正视自己不容易,要善待"弱者"更不容易。我们都是凡夫俗子,不可能是完人,不可能没有错误,当我们发现自己错误的时候,不要过分地忧心忡忡,要及时诚恳主动道歉,让对方感觉你的诚心。当别人有了过错的时候,我们要善待对方,不要满脸的得理不让人,什么都要讨个公道,什么都争高低和强弱,要从别人的角度考虑问题,不要把自己的思维方式强加于人。

当然,宽容有度,宽容不是纵容,我们对一些事也要讲理,但即使要讲理,也要晓之以理,注意别人的自尊和承受度,要让人体会到你对他的尊重,特别不能搞"株连"、"算总账",否则你会导致自己的心理错位,也会使矛盾扩大化。善待别人,其实就是善待自己,我们何乐而不为?

怎样的姿势表示紧张?

人体的动作是由大脑活动外露出来的,人在紧张不安的时候也会显露出有关这类的姿势。

1. 清喉咙。所有曾对大众或少数人演讲的人,都会记住喉头突然一紧发不出声音的情景。因为不安或焦虑,喉头中形成黏液,所以自然要先清清喉咙,让声音恢复正常。有的人由于不时地清喉咙而被视为一种怪癖,可许多人却是因为紧张的缘故。一般而言,不断说话清喉咙、变声调的人,表明他们有所不安与焦虑。如果成年男士有意清喉咙,或许是对小孩子和太太的举止提出一种非言辞的警告。

2. 吁声。人们常在不自觉中发出这种吐气声,多是以此来表明某种悬而未决的状态已解决了或者已稳定下来。人在紧张的时候是不会控制呼吸的,"吁"只是一种松口气的声音。

3. 口哨声。吹口哨表明人心情的多变。最有趣的口哨声是人在害怕或是不安的时候发出的,借以建立自己的勇气与信心。这种人每次置身于紧张的场合里,都会用吹口哨来安慰自己。

4. 坐立不安。在觉得有压力的情况下,人们会在椅子上坐立不安,直到认为舒服了为止。因此,问题不在于椅子,而是其所处的情况。

5. 说话的时候用手掩嘴。达尔文曾经写道:"用手掩嘴是一种'吃惊的姿势'。有的时候一个人对他所说出的话觉得抱歉或是吃惊时也会这么做。这动作仿佛是希望能制止我们所说的话。虽然这话已出口。"一般而言,用手掩嘴的姿势表明了说话的人对自己说出来的话没有把握,企图将它一笔抹煞。

6. 坐时扯裤子。扯裤子的动作和决定有关。一个人做出某种决定时,他要猛扯裤子,即使在椅子上也坐立不安。等做了决定以后这个动作就能停止下来。

7. 扯耳朵。有的人在紧张或是不安的时候就有扯耳朵的习惯。有时扯耳朵还表明一种听者想打岔的讯号。举手是让人明白我们有话要说的讯号，可是很多人却不愿使用它，常常才举到一半时就收回了，而改以一种扯耳朵的微妙动作，接着再回复原位。还有一种动作是用食指压住嘴，仿佛要把嘴封住使其发不出话来。

懂得打岔的姿态对你的交谈是很有好处的。在你对听者打岔的姿势有所反应的时候，由于你允许他积极地参加他们的谈话，对方会认为你是个非常健谈、宽容的人。

■ 第二节　感恩的心态

很多人都知道《水知道答案》这本书，如果你看过，或者哪怕只是听说过，你就会知道：水会因为不同性质的结构而形成不同的结晶。其中的道理一定会让你明白，一颗充满欣赏与感恩的心是可以产生正面的能量的。

负面的思想一定会吸引负面的事物，而正向的思想总是吸引正向的能量。当我们以感恩的心来对待世界与周围的人时，我们收获的就会是生命的奇迹。

我们应该感恩于活在这个世上，感恩于父母给予我们的爱，感恩于这个世上有那么多的人对我们的关心，因为有了他们的存在而使我们不再孤单，不再无助，才会有快乐常在身边伴随。这种爱心需要我们不断地传递下去，我们也同样应该付出自己的关怀和爱心去给予别人，让每一个人都能怀着一颗感恩的心生活在这个世上。

感恩周围的一切，包括坎坷、困难和我们的敌人。事物不是孤立存在的，没有周围的一切就没有你的存在。首先感恩我们的父母家人，是他们把我们带到了这个世界；其次感恩物业给了我们这么好的生活平台；再感恩我们的邻居,是他们给了自己这么好的信息,并不断地帮助你、鼓励你,才有我们的幸福生活,要感恩一切。

那么,如何感恩?很简单,将感恩的心融化在每一天的每一件小事当中,它们就像静心一样,随时可以做。花一两分钟时间,闭上眼睛,在心里默默感恩那些想感恩的事物。

比如说,喝水的时候,在心里对着水说,谢谢你!吃饭的时候,对食物说感谢。对每一个给自己服务的人说谢谢。感谢存在,感谢每一天身边所发生的一切事情,无论好坏……万事万物都来源于我们的心念,要改变周围的环境就要从改变我们的心念开始。所以,去觉察自己的想法,如果它是负面的,就将它改变过来,找出其正向的表达方式,“再想一次”。当你抱怨自己为什么总是不走运的时候,那就先学会感恩吧。因为当你给予他人以责备与怨恨之时,你一定会回收责备与怨恨,而当你给予感激与欣赏时,你也一定收获感激与欣赏。当你感恩,存在就会以更多的恩情回报于你,这也是宇宙的法则之一。

从现在开始,就学会感恩吧。感激你的亲人,爱人,朋友,感激花儿,感激蓝天,感激一切。是的,如果我们心中没有爱,是无法感恩的。而爱是一种品质和一种状态,是无法被练习的,你爱了就爱了,你不爱就是不爱,你无法模仿和假装,爱是一种无为的状态。但是,感恩却有所不同,感恩是爱的一种呈现方式,爱不可被练习,而感恩却是可以被练习出来的,感恩是一种有为法。刚开始的时候,我们也许会觉得比较生硬,可是练得多了,我们内在的心理机制就会发生改变,天长日久,积极正向的能量开始替代消极负面的能量,我们内在的爱就会渐渐增长。所以,也可以说,爱与感恩,就如一体两面,两者不可或缺。

但是,传统让我们含蓄得太久了,以至于很多感激的话语都停留在酝酿阶段,却一直没有启封。其实,带着一颗感恩的心向别人表示自己的感激，更多的是需要一种习惯，只要你尝试着去做，就一定能养成这个习惯。

1. 立即当着对方的面表达自己的感激

更多地使用"如果不是你，恐怕我……"、"真的要感谢你……，我才能……"

2. 充分利用你的身体

足球运动员热烈的拥抱与其说是相互鼓励、表示祝贺，不如说是对默契合作的感激；谈判结束后的握手除了表示友好，莫不传递着谢谢对方合作的意思；爱人之间情意绵绵的亲吻，也传达着他们对彼此的万分感谢……

3. 间接表达

如果不好意思直接表达，信件、卡片、网络、广播、短信、小礼物、鲜花无疑是最好的方式。教师节、母亲节、结婚纪念日……节日除了给人们放松自己一个光明正大的借口外，还有一个最大的用处就是可以借助节日，表达你对他人的感激。

4. 实际行动

投桃报李，礼尚往来，在投送和往来之间人情脉络就建立起来了。感恩，是我们所能送给世界，也是送给自己的最佳礼物。

5. 学会淡忘

或许你曾经饱含着成功后遭人嫉妒的苦涩，或许有人因处事不公亏待过你，或许有人方式不当让你受尽了委屈，或许有人因势利伤害了你……对于这些，你大可不必耿耿于怀，忿忿不平，既不要将自己想当然的一些东西强加于无关的人，更不要想到要以牙还牙，采取什么办法变本加厉"回敬"对方、中伤对方。最好的办法是别把这些让你不快乐的事放在心上，如果你始终跟自己过不去而处于一种烦恼心态，无疑只会在自己心里种下刻薄的阴影，最后形成一种恶性循环。我们必须要学会忘记，乐观地把它作为生活的积累，学会感恩，感谢生活给你磨练自己的机会，要用自己的人格魅力去感化对方，因此，忘记有时也是对自己最好的爱护。

6. 忏悔与宽恕

对那些我们曾经伤害过的人与事，我们要真心的忏悔，对于那些曾经伤害过我们的人，我们也要在内心真正地接纳与宽恕。

一颗感恩的心可以这样培养：

1. 养成感恩的习惯。每天清晨醒来时，默默地感激已有的生活和所爱的人，当然还包括其他对之感激的人和事情。

2. 一张表达谢意的纸条。如果别人向你寄来一张表达谢意的纸条，你一定会很开心吧。当你表达谢意时，并不需要正式的感谢信（虽然那更棒了），一张小小的卡片（或 E-mail）就可以了，礼轻情意重。

3. 一个小小的拥抱（在适当的时候）。对你深爱的人，与你共处很长时间的朋友或同事，小小的拥抱是表达感恩的很好的礼物。

4. 对每一天怀有感恩。你并不需要感谢特定的某人，因为你可以感谢生活，感谢今天又是新的一天。当你每天醒来时，应该这样想："我真是个幸运的家伙！今天又能安然地起床，而且还有崭新的完美一天。我应该好好珍惜，去扩展自己的内心，将自己对生活的热情授予他人。要常怀善心，要积极地帮助别人，而不要对别人恶言相向。"

5. 不求回报的小小善意。不要为了私利去做好事，也不要因为善小而不为。留心一下他人，看看他喜欢什么，或者需要什么，然后帮他们做点什么（倒杯咖啡，递一下茶水等等）。行动强于话语，说声"谢谢"不如做一件小小善事来回报他。

6. 一份小小的礼物。并不需要昂贵的礼物，小小的礼物也足够表达你的感恩了。

7. 列一份你感谢别人的理由。列这样一份清单，大概十条至五十几条，表达你对他的感受，为什么喜欢他，或者他帮助了你哪些地方，而你对此深怀感激。然后将这份清单交给他。

8. 公开地感谢别人。在一个公开的地方表达你对他们的感谢，比方说办公室里、在与朋友和家人交谈时、在博客上、在当地新闻报纸上等等。

9. 给他们意外惊喜。小小的惊喜可以使事情变得不一般。

对不幸也心怀感激。即便生活误解了你，使你遭遇挫折与打击，你也要怀有感恩。你不是去感恩这些伤心的遭遇（虽然这也使你成长），而是去感恩那些一直在你身边的亲人、朋友；你仍有的工作、家庭；生活依然给予你的健康和积极的心态等等。

每天怀有感恩地说“谢谢”，不仅仅是使自己有积极的想法，也使别人感到快乐。在别人需要帮助时，伸出援助之手；而当别人帮助自己时，以真诚的微笑表达感谢；当你悲伤时，有人会抽出时间来安慰你等等，这些小小的细节都是一颗感恩的心所带来的。

感恩不但是一种礼节，更是一个人具有涵养的基本体现。因而，感恩与溜须拍马不同，感恩是自然的情感流露，是不求回报的。对于个人来说，感恩是富裕的人生。它是一种深刻的感受，能够增强个人的魅力，开启神奇的力量之门，发掘出无穷的智能。感恩也像其他受人欢迎的品质一样，是一种习惯和态度。

怎样的姿态是表示自制的？

人们在生气、受挫或是焦虑不安的时候，常常借多种姿势来克制自己的情感，从而保持冷静的心情。

1. 脚踝交叠，双手抓紧。当一个人在压抑强烈的感觉或是情感的时候，会不自觉地采取脚踝紧紧交叠、双手抓紧的姿态。很多人在应征工作坐着面试的时候，会因为紧张而自然地把脚踝紧紧地交叠在一起。

2. 抓住手臂或是紧握手腕。在表达内心冲突的时候，人和动物的过程一样平常，并且很容易表现出固定的行为方式。一个正在生气的人，不能直接表达他的感觉，而只能在挫折里抓头搔颈，也许之后他会握紧拳头、握住手腕或是手臂；或者威胁性地向前跨一步，可仍保持含有敌意的姿势。最后才改变主意，把感情发泄在某种替代物上，就像用拳擂门或是以脚踢门一样。

当一个人摆出威胁的姿势的时候，或许他正企图抑制"打击"的冲动。所以他会抓住一只紧握拳头的手腕或是在背后扭住整只手臂。

第三节　悦纳自我的心态

心理学上有一个著名的命题：悦纳自我。顾名思义，无论何时，都应该愉快地接受自己，努力让每一天都活得快乐。

如果你认为自己毫无价值、毫无用处，又怎么能热爱生活？不能热爱生活也就不能爱自己和爱他人。一个要别人接纳自己的人，请从以下几方面做起：

一、爱自己的身体

人的身体是自然选择的结果。许多人对自己的身体并非十分满意，不是嫌自己个子矮，就是嫌自己皮肤黑。你可以列一个单子，看看对自己身体的各个部位，哪些使你感到满意？哪些使你感到不满意？你怎样处理不满意的地方呢？

美丑本无定论，关键是看别人能否接纳你，而别人接纳你的前提是你首先必须接纳自己。不要受商业文化制造出的标准美的影响，不顾身体健康进行节食，渴望自己成为T型台上的衣架子；也不要为了使自己时髦而浓妆艳抹、穿金戴银，这只会破坏自然、纯真的你。青春才是美，健康才是美，知识才是美，善良才是美。因此，要在心理上同商业广告保持距离。商业广告实际上是一种促销技巧，鼓励你购买他们的产品，从而获得可喜的经济利润。赶时髦、追流行，恐怕你永远慢一拍。

二、明确不自爱的征象，训练自爱

不自爱的人常出现自贬（自我否认）征象：拒绝别人对你的赞美（“我想只是幸运”，或者“别虚情假意了”）。把原来属于你的功劳，都归于他人（“我不行，是××的功劳”）。有人说你好看，你心里想：“乱讲，不是想安慰我就是有事求我”。有朋友主动接近自己，你心里想：“千万不能让他了解我，否则他肯定不喜欢我。”逃避许多活动，因为害怕失败。常忌妒（“为什么别人比我强”）。不能容忍批评（“我有太多的缺点，我不能容忍自身的缺点”）。

如果上述自我否认的征象一再出现，你就要认真矫正自我了。自贬的人就是被自己打败的人。请牢记：要相信你适合的事，就是你现在就能决定的事。可以想办法改善你认为自己没有做好的事，但没有必要因为你自己有待改进，就认为自己没有价值。下面是一张自我的清单。

1. 别人对你表示友好和接纳，不要采取怀疑的态度，而以“谢谢”来表示接受。

2. 不要不承认自己的缺点，也不要过于自责。

3. 明确自己的爱好，选择自己喜欢做的事和行为方式。

4. 不要逃避失败，失败是成功之母，失败并不证明你没有价值。

5. 谨防嫉妒。别人称赞他人并不一定在贬低你，也并不说明别人比你更重要。你的价值并不取决于别人的选择，尤其是某个人的选择，再说别人的选择也不是完全正确的。

三、培养自尊心与自信心

自尊心就是尊重自己的人格和荣誉，不向别人卑躬屈膝，不容别人歧视侮辱,维护自我尊严。自尊心总与羞耻心密切相关,有了羞耻心,人才会为自己的缺点和错误感到羞愧,才会对别人的侮辱感到愤怒。它们是推动人们不断上进的动力。对自己的力量有充分的估计,从而对自己产生的一种信心就是自信心。有了强烈的自信心,才能自尊、自爱、自强,最后成才。

个体自尊心和自信心不是在封闭的自我意识中形成的,是依存于与他人的接触,想象他人对自己的判断和评价面形成的。他人的眼睛里反映了当时社会的价值观与角色要求。因此,多听取大家的意见,取长补短是十分重要的。

四、培养自豪感与成功感

珍惜自己取得的每一个成功,哪怕是一点点成功,并在此基础上继续努力,最终实现自己的目标。对自己的失败,不要全盘否认,也不要就此沉沦,而是要从失败中看到自己的优点和不足,吸取教训,并合理调整自己的目标。

五、消除内疚感

内疚是由于自己的行为违反了社会道德准则,侵犯了他人利益而受到良心上的责备。个体意识到自己的行为与社会要求背道而驰,就会感到“对不起”他人。

轻度的内疚感在情绪上并不十分消极,过不了多久就会消失而重新振作起来。而极度的内疚感可以引起心理上长期的折磨。个体对自己的行为感到内疚,有时十分清楚自己做错了事情,有时却不十分清楚,只认为自己是个坏人。这种情形严重的就是“自责狂”或精神错乱者。过度的内疚不能改变既成的事实,自我责备、自我伤害,长吁短叹是毫无用处的。你不可能改变历史,也不可能让发生过的事重新来过。因此,只有放下思想包袱,振作起来,重新弥补过失才是最重要的。

只有能悦纳自我的人,才可能悦纳他人。

悦纳他人其实很简单:真诚待人,将心比心,尽可能用微笑、通情达理的目光去打量周围的人和事。此外,培养活泼、热情的性格,学会驾驭赞美、互酬的语言,亦能达到消融解僵,传情达意,同心共曲,琴瑟和鸣的效果。

怎样的姿态是表示厌烦的?

说话“喋喋不休”,这是很让人厌烦的。一个知道吸引听众的人,必定会时常记得观察表示缺少兴趣的姿势,知道在适当的时候停止说话,或是改变方式,想办法使别人对他的见解感兴趣。

1. 敲桌子,跺脚。在一个人觉得不耐烦时,会用手或是笔在桌上敲着单调的节奏,有时候还要配合脚跟在地板上打拍子、脚抖动或是脚尖轻拍。

2. 以手支着头。另外一个不耐烦的姿势是:视线朝下,下巴下垂,手扶着头。

3. 胡乱涂鸦。当一个人在听你讲话的时候用笔在纸上胡乱涂鸦,那就表示他对你的话缺少兴趣。

4. 目光空洞。另外一种表示厌烦的姿态是“对你视而不见”。这是他不感兴趣的讯号,就是他的眼皮似乎眨都不眨一下。没有眨眼,就说明这个人恍恍惚惚,心不在焉,对于身边的事物毫不关心或是极度的厌恶。

我们时常原谅让我们厌烦的人,可绝不原谅那些厌烦我们的人。所以,在听他人讲话的时候我们不要动辄表示出厌烦的姿势。

第四节　幽默的心态

在人际交往中,热情能给人以温暖,能促进人的相互理解,能融化冷漠的心灵。幽默是一种特殊的情绪表现,它是人们适应环境的工具,是人们面临困境时减轻精神和心理压力的方法之一。

心理学家发现,"热情"是最能打动人、对人最具有吸引力的特质之一。卡耐基曾经这样说:"只要你对别人真心感兴趣,在两个月之内,你所得到的朋友,就会比一个要别人对他(她)感兴趣的人,在两年内所交的朋友还要多。"实践证明,人们往往更容易喜欢和亲近那些对自己热情的人,你投一个微笑给别人,别人也就会回报你一个微笑。尽管你不能言善辩,但是你热情待人,别人有困难时你总是积极主动地去帮助,你的行动告诉别人,你是一个值得与之交往的人。

"幽默"是个外来语,在英文里"幽默"是 humour 的音译。"humour"一词源自于古罗马人的拉丁文,成形于古法文。最早它是一个医学术语,指人体的体液。其美学意义是从其医学意义里引申发展出来的。它不但指一般意义上的"可笑性",例如滑稽、诙谐、风趣等等,更关键的是指蕴含于"可笑"里最富审美价值的一层精神上的现象,和中国的"玩笑"、"风趣"的意义有些相似。幽默是历来都被人们所重视的。培根说:"善谈者必善幽默。"契诃夫也说,"不懂得幽默的人是没有希望的。"莎士比亚同样说:"幽默与风趣是智慧的闪现。"幽默是思想、学识与智慧的灵感在语言运用里的美丽结晶,是瞬间的睿智与灵性的火花,让人们看作是有较高文化修养的标准。

之所以幽默让人们这样重视,是由于它能够给人们的社会交往带来很多好处。首先,它是人和人之间相互关系的润滑剂,能够让人们的交际气氛变得更为和谐融洽,缩短人和人之间的心理距离,消除紧张感与对立情绪。

其次,幽默还可以帮助听众理解内容。幽默是把内涵形象化的一种方法,可以使听者更好地理解问题的实质。

幽默还有助于显示自身的力量。在你身陷窘境的时候,一句幽默的话，不但可以使你化险为夷，并且还会表现出自己处乱不惊、临危不惧的姿态，来给对方以震慑。

总之，幽默是一种机智地处理复杂问题的应变能力，它来源于对世间事物的洞察，是含着笑去面对人生中的矛盾或冲突。人们会回避和远离一个总是严肃庄重的人，因为他使大家紧张沉重。但人们喜欢富有幽默感的人，因为幽默赋予生活以情趣和活力，把日子点缀得更温馨美好。在众人的聚会中，你话虽不多，但讲出来的话却句句很有见地，句句闪烁着机智，比较那些废话一大箩，叫人听得不耐烦的人，你当然更受欢迎了。

幽默的语言，可以为生活增添很多光彩，可以使你在社交活动里更受欢迎，从而使你有更大的收获。古罗马的雄辩家西塞罗就这样说过："笑话与幽默令人愉快，常常还是极为有用的。"

用幽默传达你的信息，常常可以制造出和谐的氛围，平添很多情趣。而和谐的氛围则有助于你在社交里获得成功。

用幽默传达你的信息，能够缓解对方的紧张情绪，减少对方的忧虑。

用幽默传达你的信息，有利于你暗示对方，从而达到社交的目的。这种暗示能够表明你的请求、你的观点、你的批评。比如你准备向对方提个请求，但你不明白对方是否能力所及，是不是会答应。这时，你就能够用幽默传达你的请求，暗示对方"我想获得你的帮助"。假设对方能力不及或是不愿意，也没有什么关系，只不过是开句玩笑，说说罢了，这样交往双方都不会感到难堪。

那么，怎样才能培养好自我的幽默感呢？

1. 幽默必须具备诚实的品德

诚实的品德是所有幽默者必须具备的。但诚实并不是心里想到的就直截了当地说出来，而是在诚实的基础上，十分巧妙地表达出自己心里的想法，既有幽默情趣，又能使他人感受到你诚实可信。

2. 有自信的人才能产生幽默

幽默感是一个人乐观精神的表露。但是,并不是所有的人都能乐观地面对生活。只有自信的人才可以始终保持乐观的精神,不管发生怎样的事,他们都能泰然处之,并且能从不幸里看到光明,能从不幸里超脱出来。而那些自卑的人也只能在失败前止步,只能在不幸里继续沉沦。

3. 幽默要具有广泛的知识和高雅的审美情趣

成为幽默的人一定要具备广泛的知识,不管是文化、政治、经济、社会、体育等,你都应当有相对的常识。这样你在和人交谈时才会有丰富的话题,可以准确捕捉到对方的兴趣所在,巧妙地说出幽默的话,达到活跃气氛、进一步交流的目标。假设你所知甚少,这样的谈话便难以进行,更何来幽默而言。

同时,成为一个幽默的人还要具备高雅的审美情趣。因为幽默主要是指蕴含于"可笑"里最具有审美价值的那层精神现象,它不但引人发笑,发人深省,还可以给人一种美的享受。林语堂在《幽默杂谈》里就曾经写道:"凡善于幽默的人,其诙谐必愈幽隐,而善于鉴赏幽默的人,其欣赏尤在于内心静默的理会,大有不可与外人道之滋味,与粗鄙显露的笑话不同。幽默愈幽愈默而愈妙。"虽然,愈幽愈默并不是深奥得令人难于理解,而是说要懂得含而不露,高雅而又不乏风趣的作风。

4. 幽默者是才思敏捷、善于随机应变的

要想成为一个幽默的人,还要才思敏捷,善于抓住日常生活里的幽默点,很难想象一个十分愚钝的人能机智地说出一些幽默的话语,反倒有可能会成为人们取笑调侃的对象。所有的人都不想成为被他人取笑调侃的对象,都想通过机智幽默的语言来获得他人的喜爱与敬重。要想达到社交的目的,就一定要善于观察、思考。这样,才可以才思敏捷,才能善于随机应变。

要想成为一个幽默的人，一定要善于捕捉到日常生活里的幽默点，而幽默点又常常出现在语言的反常组合上。所以，掌握几种幽默的方式是培养起幽默感的捷径之一。

(1) 双关的幽默法

双关幽默法，指的是表面上在说甲事物，实际上是在暗示乙事物，二者同时关联的两种含义因曲解而显示出强烈的反差，从而构成了幽默。双关幽默法主要有谐音双关与语义双关两种类型。

(2) 反逻辑的幽默法

反逻辑幽默法，指的是违背形式逻辑里的基本规律，不按照常规的逻辑去解释，突破原来固定的思维方式，给人意想不到的联想，从而形成了幽默感。

(3) 否定的幽默法

否定幽默法，指的是在甲乙两事物里首先肯定甲事物，接着通过肯定乙事物从而达到否定甲事物的目的，让听者大为开怀，形成幽默感。

幽默要忌讳的事项：

1. 忌讳低俗油滑

幽默是一个人才华和智慧的闪光，是一个人文化修养的呈现。而那些低俗、油滑、无聊和尖刻的语言，那些嘲笑别人缺点，拿他人痛楚开心的恶作剧都和幽默无关。现在，之所以相声走入低谷，和部分相声演员文化修养不高是有着很大的关系。在一些演员的表演里，往往搞一些格调不高的恶作剧，说些低俗的笑话。甚至有些调侃的语言成为定式，就像一上台就开始互相取笑对方的身材、长相或者对方的父母、妻子等。这种调侃只会令人感到无聊。

2. 忌讳冗长

幽默的重点常常在最后阶段，是通过暗示与对比出其不意地达到让人发笑、使人回味的作用。但要避免过于复杂，修饰过多，语句过于冗长，很容易让听众的注意力分散，冲淡幽默的作用。

3. 忌讳不合时宜

幽默的言语应当服从于特定的时间、特定的社交场合、特定的交往对象。假设不考虑社交场合，不该幽默而幽默，不该有过多的幽默而频频幽默，只会令对方感觉浅薄，对于交往目的来说也是没有好处的。恰到好处的幽默会让你在社交里如虎添翼，但不合时宜的幽默只会让你铩羽而归。

4. 忌讳和讽刺混为一谈

有的人说幽默是含蓄的讽刺，讽刺是带刺的幽默，因此可知二者的联系和区别。在使用时，切忌把幽默与讽刺混为一谈。幽默的言语传递的是宽厚、温和、亲切，而讽刺的言语表现的就是尖锐、冷峻、刻薄。假设你在社交里总是运用带刺的幽默，是很难使人接受的，不但不能营造出和谐的、与人和睦相处的气氛，也不会达到社交的目的。

怎样的姿态是表示接受的？

谁都希望他人能同意并愿意接纳自己、自己的想法和自己更多的所作所为。可是如同态度能够很快转变的一样，自己一向以为意见相投的人，会忽然摆出敌意，让你不知所措。所以要随时留意对方的姿态，假设认为他不支持你，你就得重新认识他了。

接受有以下的姿态：

1. 手放在胸前。很多世纪以来，人们都把手放在胸前表示忠贞、诚实和效忠。在表演的戏剧里，这种姿势是公认的用于真挚和诚实的。

值得关注的是，除了正式场合之外，妇女不多用这种姿势来表示忠贞、诚实和效忠。反之，妇女把一只手或是两只手搁在胸前，时常是一种保护的姿势，表明受到了突然的惊吓或是惊喜。

2. 触摸的姿势。触摸的姿势因人因事的不同而有不同的含义，对某些人而言是一种赞同，对其他人就是一种打岔的讯号。也有的人用来安抚那些心情过于激动的人。有很多人将其看作是一种再次保证的触摸，不但用在自己喜欢的人身上，也可以用在自己得奖的东西上。

3. 挨近他人。这种姿势被视为接受的表现。在一个人特别热衷于某一个话题的时候，常常会挨近对方，并且声调也跟着提高。同样，当你谈话的时候，他人挨近你，表示他对你的谈话内容很感兴趣。

chapter 4 >>

第四章 社区活动场所交际方案

第一节 儿童游戏场

儿童心理学家哈塔布曾说:“预测一个孩子成年后的生存能力,不是看他现在的学习成绩,也不是看他乖不乖,能不能遵守课堂纪律,最好的也是唯一的方法,就是看孩子能不能跟其他孩子合得来。”

“正是在社区的儿童游戏场,宝宝知道了什么叫排队,什么叫秩序,虽然这种概念还比较模糊,但在我孜孜不倦的讲解中,他已经似懂非懂,不会在排队等待的时候不耐烦,而是学会享受排队。”

在当今这个迅猛发展的社会里,需要我们的下一代具有社会交往和活动的能力,然而今天的独生子女恰恰缺乏与人交往、合作的机会,他们身上或多或少地有着不合群、自私、不能和同伴友好相处等一些表现。为了保证我们的下一代具有良好的素质,我们应重视幼儿交往能力的培养。在这方面我们应该多花点心思、多想点办法。

在家庭中,孩子一般只限于与家人交往,很少与外界的人交往,尤其独生子女,往往是几个大人围着一个孩子转,从出生开始就没有小朋友在一起玩,总是有大人照顾自己,不会与同龄人相处,同时家长的过分保护限制了孩子的活动和自由,使得各种自我服务技能不能很好发展。另外,家长过分宠爱孩子,什么要求都满足,让孩子变得越来越以自我为中心。一些孩子不愿意与别人一起玩自己的玩具,或是很蛮横地抢别的小伙伴的玩具或零食,都是人际交往能力过弱的表现。

儿童 3 岁至 6 岁是性格养成的良好阶段,所以在这个阶段,家长要有意识地引导。

首先,要给孩子创造一个人际交往的环境。比如,多带孩子去小朋友多的地方,比如儿童游戏场、小区花园,鼓励他和同龄人游戏,在游戏中锻炼孩子与朋友沟通、交流的能力。在这种环境里,你的宝宝可以观看其他小朋友是如何在一起玩的,是如何交往的。当他逐渐长到了一定年龄的时候,他就能够开始与他人交往了,并感受到和小朋友们在一起很开心。家里来了客人,有意识地让孩子参与接待。对于大一点的孩子来说,有机会也要适当地带他参加各种聚会,让孩子学习与大人打交道。这样,见的人多了、自信心也强了,孩子在人前也就显得落落大方。

其实,最重要的还是让孩子多参加集体活动。在集体活动中,孩子与同龄的小朋友一起生活,他们会相互学习怎样相处。不要为了安全问题、怕麻烦等,就把孩子圈在家中。在生活中也可以随时锻炼。带孩子上街,鼓励孩子问路。坐公交车,让孩子去买车票等。

其次,家长也要经常给孩子灌输"分享"、"讨论"、"团队"的思想,引导孩子在与人交流的时候如何说、如何做。秦女士的孩子以前经常抱怨小朋友不和他玩,秦女士一问,知道是儿子的表达不讨人喜欢。比如说,他想要玩别人的赛车,就直直地来一句:"把你的赛车给我玩!"其他孩子自然不买账。于是,秦女士引导孩子换一种说法,说:"我想玩玩你的赛车,保证不会弄坏。我也可以借一样玩具给你,我们交换好吗?"这样,不费吹灰之力,孩子既和小伙伴搞好了关系,又玩到了喜欢的玩具。

在带孩子进入社区的儿童游戏场后，交往范围明显扩大，他们要面对来自不同家庭的孩子，要学会与同伴交往、分享、合作，为了让幼儿感受集体生活中与同伴交往的乐趣，可以规定每周有一天让幼儿自带心爱的玩具去社区的儿童游乐场所，并在集体面前把玩具的性能和玩法介绍给同伴；在家里可以让幼儿讨论“怎样和同伴合作玩”，“别人想玩你的玩具时该怎么办”，“你拿到同伴的玩具时该怎么说”，“你想玩别人的玩具时怎么说”等话题。让幼儿说自己的想法，从而明白与人相处的方法，如：要爱护玩具，不能强夺、捣乱等。

在活动中，家长要仔细观察幼儿的表现，启发他们加强同伴间的交往，并及时鼓励幼儿积极的交往行为，活动结束后，要让幼儿讲“你最喜欢谁的玩具”，“你和小伙伴是怎样玩的”，“你把自己的玩具让给谁玩了”等，让幼儿交流各种交往方式、方法，体验交往的乐趣。

小宝宝去儿童游戏场，必定是受人瞩目的，但一个有礼貌的宝宝才是被人喜爱的。

首先，要让宝宝学会与人打招呼，招手或者说“Bye”都可以，这对七八个月大的宝宝并不算太难的事情，再大一些的宝宝可以说“阿姨好、叔叔好、奶奶好”之类的问候语。孩子的语言能力和人际交往能力，取决于陪伴他的人的影响，多和他说话，经常给他做示范，当他和别人打招呼的时候立刻鼓励，他的交往能力就会增强。

在儿童游戏场里，大家的心情都很放松，看见可爱的小宝宝都会过来拍拍、摸摸，虽然这种方式略有不妥，妈妈可能会顾忌别人有没有洗手、会不会传染病菌等，所以会抱着宝宝回避一下伸过来的手，但是仍然要热情地与人打招呼，要把“打招呼”的意识根深蒂固地传达给宝宝。

交往能力是需要从小培养的能力，小孩子要多和伙伴们接触玩耍，建立自己的交际世界，而小孩子的人际交往能力和适应社会的能力，远比背诵他们还不明白意思的圆周率和唐诗宋词更有价值。

其次，要让宝宝有秩序感。别以为小孩子不懂秩序，其实已经有很多实验证明，宝宝的秩序感比大人都强，可是，有的时候他们会强硬、耍赖，那是因为他们发现大人们的秩序可以无限变通。举个例子，儿童游戏场里的很多游乐项目在周末都需要排队，如果队伍很长，家长需要抱着孩子耐心等待，每当孩子啊啊发作不耐烦的时候，家长都该讲一遍我们在排队和为什么排队，然后迅速转移他的注意力，抱着他小幅度踩着节奏跺跺脚等，他很快也就忘记了。

如果小朋友玩上了瘾，不想下来，家长也必须要让孩子明白秩序的重要性，坚决抱走他，并立刻指引他看看其他有趣的事物，此事便也很快作罢。这样培养的孩子，不太会在公共场所耍赖哭闹，不管多么喜欢的玩具或事情，家长必须很坚决地执行自己的原则。

还有，在游玩时要注意安全。很多儿童游戏场的大型器械上面都有安全带，请记得系好它。不要以为大人抱着宝宝就不会有事，安全带的作用是显而易见的，因为一旦有危险，即便人的反应再快，也不如原本存在的保护措施有效。

由于户外的游乐设施容易受到天气的影响，而且户外能够让孩子自由活动的空间也越来越少，比如到处可以见到不拴狗链的庞然大狗、小区里车速极快的汽车等，所以现在很多家长们更喜欢让孩子去室内游乐场玩耍。

不过，每次去室内游乐场，几乎都会看到一些不文明的行为，比如有的家长在游乐区里面喂孩子西瓜或是菜泥，食物的渣滓掉落一地；还有的家长不脱鞋就跑进去陪伴孩子，而他旁边有很多小孩子正在爬来爬去；有的家长和孩子一起站到跳跳床上玩耍，重温童年的乐趣，殊不知跳跳床根本承受不了成人的跳跃。其实，礼仪不分时间、场合，而是一种具有一贯性、一致性的行为，直至最后成为个人的良好习惯。

首先，只要在室内的游乐园里，建议三岁以下的宝宝都穿上纸尿裤。因为在玩得高兴、激动时，孩子哪里还顾得上小便的事情？除非你的宝宝非常有自理能力，会在任何想要小便的时候都能告知父母。另外，进入室内游戏区一定要脱鞋、穿上袜子再进去，无论天气是否炎热，都不能光脚，这样既不安全也不文明。至于吃零食、喝水这些事情，最好在游乐场外进行，毕竟几乎所有的游乐场都会在外边摆放椅子供家长休息，所以，这些事情最好在外边进行，以免水和食物的汤、渣弄脏游乐设施。还有，海洋球池里的球不能随意抛出池外，这样会给其他小朋友造成不便，池里的球少了，乐趣也就少了，而池外散落的球可能会妨碍小朋友走路。当孩子在球池里面玩耍时，家长要注意看护，不要让孩子将头埋入球池，那样很危险。

其次，家长也要规范自己的行为，不要穿鞋进入场地，不要认为“我只是进去送一下水”“只是帮孩子提一下裤子”“反正马上就出来，不脱鞋也没有太大问题”，要知道，三岁以下小宝宝自身的免疫和抵抗能力都不完善，作为成人，我们有责任为他们创造一个洁净的环境。另外，不管家长多么富有童心，在“跳跳床”这样承受能力有限、并且明令禁止成人入内的地方，还是自觉遵守为好，如果你把明白的告示视若无物，那么孩子以后也会把你的话当作耳旁风。

如果孩子对别的小朋友正在玩的器械感兴趣，并且坚持要玩，家长的做法应该是，如果对方是大一点的宝宝，就先征求他的意见，可否允许小弟弟、小妹妹加入一起玩，或者可不可以让小弟弟、小妹妹先玩一下。如果是比自家孩子还小的宝宝，则应该建议自己的孩子，先让小宝宝玩，因为自己是大哥哥、大姐姐，并且带他、她去玩别的玩具。小孩子有的时候就是这样，只喜欢别人的玩具，好像别人的总比自己的好，那多是因为他们没有发现其他玩具的乐趣和新玩法，家长这时可以创造出新的玩法吸引孩子，只要是孩子未曾有过的经历，很容易就会吸引孩子，让孩子忘了别人正在玩的玩具。

家长对自己的孩子自然都十分爱护，在小朋友们游戏的时候，总是禁止其他人对自己的孩子有一点点碰撞，如果有孩子不小心踩到自己的孩子，多半也会不依不饶。我们都知道，在小孩子玩耍的时候，很多小意外都在所难免，在游乐场里发生碰撞之后，要学会原谅对方的无心之举。同时，还要让小朋友学会自己和他人相处，他们有自己的交往规则，家长不要过多参与，而要对他们所体现出来的团结友爱之举进行积极的表扬，并及时纠正他们的不正确行为就可以了。

遇到下列问题，您可以这样做——

孩子见人不知问候

首先，在见面前，一定要先告诉孩子“待会儿会见到什么人”、“要如何称呼”，以及“该说什么”，让他有心理准备，甚至可先练习一下。见了面，要给孩子留时间，而不是大人忙着说话，突然间，发现孩子还没和对方打招呼，就急着催孩子，结果愈催愈糟。家长应该做的是鼓励他把先前练习过的说出来，如果真是害羞，一时怯场，让孩子点点头，笑一下也可以。

回家后，则要极力赞赏孩子今天所做的事。例如，“你今天和隔壁爷爷奶奶打招呼了，做得很好。”其实孩子都很聪明，当他发现“嘴甜”可让大家都开心，又可得到奖赏时，他会很乐意去做这件事。

孩子在公共场所吵闹不休

要处理这个问题，事先预防是关键。外出前先告诉孩子，外出的目的是什么，让他知道会发生什么事。出门前，也要先跟孩了说好规则，确定他已经听明白，并问他是否能遵守。

到了外边，这些规则一定会被打破，但家长要耐心地提醒与纠正，直到孩子遵守。同时，家长也要坚守自己的原则，例如，孩子在游乐场所奔跑吵闹,屡劝无效时,可问他:“你是要安静下来,还是要离开?”如果孩子不听劝说,就冷静地带他回家。让孩子清楚明白,除非在公共场所表现得宜,否则不能再出门。下次出门前,可再和孩子谈一次,是否了解这些规则,能不能遵守;如果不能,就把孩子托给家中其他人,大家按需要轮流外出购物,这样也能让孩子学会自我控制。

还有一些小技巧。例如,别在吃饭前或午睡时间带孩子出门,因为那会让他们更兴奋,难以控制,孩子吃饱睡足了,大人也比较轻松。

童年交往能力决定成年生存能力,聪明的妈妈都看重孩子的交往能力,不过,一提“交往”,很多妈妈的第一反应就是:“一群孩子一起快乐地游戏”。如果自己的孩子比较内向,在人堆里不爱说话,不去主动找小朋友玩,妈妈就急了,觉得孩子“怎么不爱跟别人交往啊?”其实,跟人说话是一种交往方式,听人说话也是一种交往方式。每个孩子都有自己独特的交往方式,并不是所有的孩子都爱主动找朋友玩,或在小朋友中夸夸其谈,或者一直乐于充当领导者,很多孩子天性敏感羞涩,不善于主动交往,强迫这样的孩子去跟别的孩子“打成一团”,会让孩子感到挫败,更加紧张退缩。以下几个社区经典场景,几乎每个妈妈都会在孩子学习交往的过程中经历过,这时最需要妈妈聪明地帮孩子一把。

场景一:1 岁多的洋洋在小区儿童游戏场里玩,被邻居小朋友看上了他手里的小车。妈妈要求洋洋“与小朋友们分享”,洋洋不乐意,妈妈好言相劝了半天还是死攥着不撒手,妈妈急了,把小车从洋洋手里抢过来,交到小朋友手上。妈妈认为这是在帮助培养孩子“分享”的好习惯,但儿童心理学发现,3 岁以下的孩子“物权”概念还没有完全建立,他们心里会以为,“东西不在我手上,那就不是我的东西了。”如果有人一定要你把心爱的钻石戒指送人你会怎样?要求孩子把自己的心里爱好的东西拿给别人，孩子的感觉是类似的——生气，害怕，不理解。对这个叫做“分享”的游戏，孩子会越来越不喜欢。

妈妈帮一帮：问孩子，“能把这个小车子借给小君玩一下吗？他会很高兴的。”同时跟孩子解释，“他只是暂时借一下，一会儿就还给你，这还是你的小车子。”孩子也许就答应了。看到小君借到玩具后兴高采烈的样子，他能逐渐建立起“分享让朋友高兴我也很高兴”的心理反射。但是，如果这个玩具正好也是他当时最心爱的玩具，他的反应就跟妈妈碰到别人要借自己的钻戒一样，“不可以！”妈妈也只能对小君说抱歉了。

场景二：院子里有3个孩子正在玩奥特曼的游戏。4岁的松松也想跟他们一起玩，可明显这3个孩子并不希望多来一个队员。其中一个说：“你不会玩。”妈妈想带松松离开，可是松松舍不得走。那3个孩子的游戏正如火如荼，加入新来的孩子意味着“打扰”，所以他们表现出“排斥，不耐烦”，是很自然的，并不带有成人理解的“羞辱”。只要被拒绝的孩子没有表现出沮丧难过，就说明孩子并没有受到伤害。如果家长气呼呼地拉开自己的孩子，其实是在把自己的“受挫情绪”强加给孩子。对松松来说，他可以选择立刻离开，或者等待机会。一个心理脆弱的孩子的反应才是立刻离开。而选择留下来的孩子，说明他的内心够强大。

妈妈帮一帮：处理孩子交往的矛盾，很多时候，妈妈能提供的最好的帮助就是：只要不至于发生严重的流血事件，如果不是孩子主动要求，不要干预。

我们来看看松松是怎么办的。松松站在3个男孩中的“头目”身边，不吭声，但在等待加入的机会。过了一会儿，“大古队长”随手推了他一下：“你，去查一下电脑！看看怪兽在哪里？”松松立刻假装敲键盘，然后汇报说：“怪兽在A地区。”“冲啊……”胜利队队员们，包括松松，都向“A地区”冲了过去……如果妈妈当时把松松拉开，孩子将丧失一次多么宝贵的解决社交矛盾的锻炼机会。而坚持留下来,并最终用自己的人际智慧得到了进入集体的机会,他的自信心和自尊心将会得到多么大的鼓励!

场景三:小英在社区里是比较木讷内向的孩子。有时候她会被别的小朋友戏弄,比如总有小朋友把她的玩具藏起来,让她找不到。妈妈心疼之下,这么教育小英:“以后别理他们了。如果别人推你,你就立刻打回来。”慢慢地,那个被欺负的小英变成了一个“欺负人”的小英。如果有人不小心得罪了她,她会一言不发地一拳头打过去,这样小英就会越来越不受欢迎,越来越孤独。其实,作为妈妈,无论什么样的情况下,都应该表扬那些符合社会期望的“好行为”,比如分享,比如适当的礼貌;无论什么样的情况下都不应当提示,甚至鼓励孩子“不好的行为”,比如用攻击对方、独自游戏、目中无人等,来处理社交中的问题。

妈妈帮一帮:妈妈可以通过扮演故事之类的方式,教给孩子面对某些常见矛盾或者场景时,相对固定的处理套数。在类似情景发生时,孩子能很快地“脱口而出”。比如孩子之间发生争执的时候,可以教给孩子一个简单的三段式:1. 你刚才……(干了什么,比如拿了我正在玩的机器人,说不跟我玩,对我尖叫了等等);2. 我觉得……(不高兴,生气,很伤心,等等);3. 我希望你能够……(把我的机器人还给我,不要再那么说了,向我道歉等等)。这样既没有指责别人又表明了自己的意见,还指出了解决矛盾的方法。

场景四:最近小区里的童童突然变得喜欢咬人掐人,而且还特别喜欢“欺负”平时最好的朋友阿宝。童童咬人的原因一是因为她在出大牙,另外童童的语言发育比较滞后,面对最要好的朋友只好用“咬你一口”来提醒好朋友注意“我在这儿呢。”或者“我太喜欢你了。”这样一来同伴小朋友们就遭殃了,阿宝每天都带着童童的牙印和挠痕回家。妈妈早就告诉阿宝,“无论如何,你不能动手打人。”忠厚老实的阿宝把这条记得牢牢的,结果总是傻愣愣地站着被小童童掐。妈妈后来告诉阿宝,“童童打你,你就跑吧。"可是童童以为那是阿宝在跟她玩呢,两个孩子一个跑一个追,童童追上了,阿宝还是要被挠一下。阿宝妈妈再告诉阿宝,"如果童童打你,你就告诉他你不喜欢他这样做。"可是,事到临头,阿宝结结巴巴的,长长的句子还没说完,就已经被掐得差不多了。

妈妈帮一帮:最后,阿宝妈妈发现了一个秘诀,简单直接,特别有效!"再有人打你,你就尖叫。"这个不难,本来疼痛时阿宝的第一反应也是尖叫,现在也不用动脑筋转弯子,只要叫得更大声就行了!一尖叫,吸引了大人的注意力,他们立刻就能发现发生了什么事情。

看来妈妈要给孩子制定明确的行为准则:无论什么情况下,都不能伤害别人,更要保护自己!

场景五:阿宝是个小混血儿,走在大街上经常被不认识的阿姨阿婆拉住,摸摸小脸,夸一句"真是个漂亮的孩子!"阿宝碰到这样的情景,常常就呆在了那里,不知道如何接下去。

妈妈要教育孩子必要的社交礼节。我们约定俗成的礼节中其实包含了尊重、理解、友善等信息,非常有利于增进感情,加深交往。一个彬彬有礼的孩子总是受到大人喜欢和同伴欢迎的。

妈妈帮一帮:妈妈教给阿宝,如果别人夸你漂亮,是因为别人喜欢你,你很可爱。那么你就这么回答,"谢谢你,我觉得你也很漂亮。"这么简单的一句话被阿宝练得滚瓜烂熟,只要有人夸她,她立刻脱口而出,对方就更加笑得像一朵花了。

在社区里的儿童游戏场所,除了宝宝之间需要社交,如何与宝宝的朋友家长相处,也是一大学问。

有了孩子的父母都有经验,能托孩子的福气有机会结识很多社区的邻居,大家见面都是孩子长,孩子短,都谈育儿。不过,宝宝的朋友家长性格各异，有的不喜欢你串门，有的在社区也不和你搭话，有的一相处就在攀比宝宝能力，有的一相处就和你比成年人的实力，有的一见面就按照你是媳妇妈妈，还是奶奶，还是姥姥划分，有的按照是否是老乡来认定，总之感觉和我们其他社交也很像，只是看在孩子的面上没有那么强硬，偶尔问好还是会应承的。基本在宝宝一岁以前，妈妈都希望孩子伙伴越多越好，逢其他宝宝就打招呼就扎堆，甚至是路上遇到的陌生宝宝也如此，可是随着孩子长大，孩子也有一点个性凸显，妈妈和看护人员也开始厌烦这么做。希望和自己喜欢或喜欢自己的人群打交道，只是有几点一定要注意。

第一，别用自己的心思给孩子圈定朋友。有些妈妈很早就找到同龄某一个或某一些宝宝，天天在一起玩，孩子的伙伴很容易限定，宝宝如果感觉妈妈都安排好了，每天睁开眼就会喊那个小伙伴的名字，久而久之，对其他宝宝就没有那么容易跟队了。其实孩子小的时候一起玩，到自己有思想时，父母会发现孩子的选择多半是出乎意料的。

第二，别为孩子没有固定朋友焦急，其实孩子在自己发展健康良好的情况下，都是小外交家，看到小伙伴，你在旁一鼓励，他(她)都会参与，就是你不要直接影响控制他(她)。

第三，和宝宝朋友家长相处，长远之计还是家丑不可外扬，无论夫妻矛盾，婆媳矛盾都是如此，一旦传扬，会如何传开就不好保证了，而且最后家庭关系也多一重损伤，最后朋友不好做了。

第四，一定不要介入别人家的夫妻矛盾，婆媳矛盾，母女矛盾或者保姆和主人的矛盾，你这个耳朵进那个耳朵出，不要过多发言，不要出谋划策，不要妄加评论。最恐怖的就是到处传播，这样让人感觉你的人品有很大问题，因为最后社区里还是会涉及现实的家庭交往。

第五，永远不要谈论是非，与宝宝家长相处适于相敬如宾，不要过近，一个小区谁都挨着，和谁更好更淡呢，还是做好人做好事，其他人对你们的选择，评价就不在自己了，最后怎样结果都会让你收获到朋友的，只要你真诚谨慎些。

第六，坚持串门和参与聚会，让孩子懂得交往的真诚、付出和用心。而户外的交往就让孩子找到更多表达自我、解决复杂关系和独立社交的机会。这两种方式同等重要。

如果你所住的小区，没有独立的儿童游戏场所，怎么办？

你可以在小区内建个“宝宝交往社团”——

你自己要表现得乐意与人交往。小孩子往往喜欢模仿别人，所以，如果他看到你与别人都相处得很好，那么他就会鼓励自己也去这么做。

如果在你居住的小区里，有一些和你的宝宝年龄差不多的小朋友，你就可以和几个合得来的母亲组成一个活动团体，让小宝宝们在一起玩耍，组织活动让妈妈和宝宝共同参与。

建立一个活动团体

妈妈们需要听到其他人的育儿苦恼，看到其他人讨论育儿关注的话题和与他人分享育儿经验，这样她们可以互相帮助，摆脱烦恼和焦虑。另外，在一个妈妈们参加的团体中可以使每一位妈妈都清楚地了解宝宝的发育过程，如果某些孩子发育迟缓或者发育有问题，他们的妈妈就会较快地发觉出小宝宝哪些能力有缺陷。而且，妈妈们之间可以相互安慰。如果有一位妈妈发现她的宝宝行为怪异，她就可以告诉其他的妈妈并且能够弄明白她的孩子到底在做什么。

一个由妈妈组成的小团体不仅给每一位妈妈提供了一个相互沟通的良好环境，同时也给予这些小宝宝一个社交和语言能力培养的机会。因为当孩子们在一起的时候，他们逐渐就会学会与他人分享玩具，而且能够明白说话的重要性。在家里，父母已经能够通过宝宝的肢体语言、眼神和直觉明白他想要什么和需要什么。但是,当小宝宝在一起玩的时候,如果他想他的愿望能够实现,他就必须告诉对方他到底想要什么。

事实上,我们都是通过多次的实践、多次的失败、与他人相互的影响和家庭生活学会了恰如其分的社交行为,但是从没有人让我们坐下来正式地教导我们应该如何如何去做。在群体活动中,我们往往能够学到很多社交技巧。所以,小孩子们在一起玩的时候,大人们并没有意识到他们在学习,然而他们却学到了很多东西:说话交流、眼神接触、对肢体语言的理解和自助技能等等。另外,孩子们也能够开阔视野,也许他们在家里看不到的东西或者不能做的事情却在与别的小朋友们一起玩的时候看到了或者实践了。

团体活动的技巧

最理想的人数是 4 个。如果太多的小朋友在一起玩,就会太吵闹,会乱作一团的,而且也需要更大的场所能够容纳他们。如果少于 4 个,那么对小宝宝就不会有多大的影响了。

最好是既有女孩又有男孩,年龄相差不大。他们之间最好年龄相差 4 个月以下。

如果父母之间相处得很好,对小宝宝们之间的关系促进也有帮助。如果父母之间对孩子的教育看法一致,那么大人和小孩都将度过快乐的时光。

相识更多的妈妈和小宝宝的最好办法就是经常带你的孩子在居住的小区里或者附近的儿童游戏场里去玩,还可以去“翻斗乐”这样的娱乐场所看看是否能够结识一些新朋友。

固定时间,轮流到小朋友家做客。安排 1 个到 2 个小时就足够了,最好安排在小宝宝们吃午饭或甜点加餐之前。在他们本应吃甜点或吃饭的时间让他们在一起玩,他们就会无精打采,坐卧不安的。

制定基本行为准则。说明哪些行为是应该杜绝的。

当然,每个人都有身体不舒服或者心情不好的时候。所以,你和你的小宝宝可以休息一天,不必要当成一项任务去完成。

冲破障碍,让孩子不再“宅”

你家有小宅男小宅女吗?现代的小孩因为爱上电子产品,变得越来越宅。这并不是好的现象哦。以下指引家长冲破各种困难,改变家里的宅男宅女们!

一起来看看,我们拒绝让孩子们外出玩耍的心态以及一些父母们试验过、能够克服这些心态的方法。

障碍1:“太不安全了!”

媒体上有关儿童绑架和交通意外事件的可怕报道泛滥,让爸爸妈妈们紧张万分的儿童伤害事件,更是让人觉得时代变化,还没有能力保护自己的宝贝们,实在需要投注更多的注意力,将他们的安全放在自己生活的重中之重。家长们普遍的想法是让青春期前的孩子到外面去玩实在是太危险了。

在户外,有些事情确实是有风险的;但是,把孩子们关在家里面,也同样有它的危险。例如,美国疾病预防控制中心研究报告指出,大约每三个美国小孩,就有一个体重超重,抑或是即将超重,这会增加他们得Ⅱ型糖尿病、心脏疾病和高血压的几率。毫无疑问,我们理当意识到让孩子出去玩有可能——通常很少——有危险,同时,我们也应该注意到不让他们出去玩而造成的更普遍的害处。

解决之道:

A. 确立规矩

规定好明确的界限,让你的孩子知道什么是安全的。

案例：

Stella："两个年龄较大的儿子，可以在我家这条路段上任何人家的前院游玩；但是，除非事先让我知道，否则他们不准进入任何人的房子或后院。他们出去之前，我们会说好他们要去的地方和回来的时间，而且我们会约定电话追踪。"

你的规矩要根据不同的因素来定：小孩的年龄和成熟度，你们小区的安全状况以及能跟小孩同行的其他兄弟姐妹或朋友。Stella 允许她四岁的儿子，在有围栏的后院玩耍；有大哥哥们陪伴的时候，他可以到前院去玩。不过，两岁半的小儿子，她给他一个昵称叫"飞毛腿"，必须时时刻刻地待在锁起来的门、栏范围之内。

B. 动员小区

当你小时候在社区闲逛的时候，通常，你朋友们的妈妈，在盯着她们自己骨肉的同时，也在盯着你。和其他的社区爸妈一起看管彼此的小孩，你们可以用电话或短信联系，告知对方那帮孩子们现在在哪里，干什么去了。如此，不但小孩可以享受到自由的快乐，你还会得到额外的看管助手。

案例：

Mike 是两个小孩的爸爸，同时也是专门提倡不受限小区玩乐网站的创始人。他建议，更好地计划爸爸妈妈们定时聚在一起的时间，你们可以在孩子们玩耍的时候，坐在花园的椅子上聊天。

障碍 2："室内比较好玩！"

电动玩具、24 小时的卡通频道、短信聊天、网络，室内有这么多好玩的事情,难怪孩子们懒得出去。儿科学会建议,限制孩子们每天看着荧幕的时间不超过两个小时,鼓励他们不整天待在家里。但是,你要如何让户外更有吸引力呢?

解决之道:

A. 为小孩定制后院

案例:

Nancy 把定制让孩子着迷的后院变成了一项艺术。孩子们的游戏空间现在有一幢树屋,一座发射台和一个土豆大炮(全部都是自己做的),而且,他们家正在制作一套巨型西洋棋组和一个户外镖靶。

如果你住的地方因为政府法令或空间不足而不能照做,那就设计一个以孩子为中心,让他们能够忙上几天,几个星期,甚至几个月的活动:专门在花园留一小块地方,栽种容易生长的植物让孩子们照顾,制作一个鸟舍,或是一个动物喂食器。

B. 挑战孩子们的潜能

分配孩子一些能够给他们责任感或展示他们专长的户外任务。

案例:

Kathy 是一位有三个男孩的 34 岁妈妈。她说,大一点的孩子们喜欢做一些让他们感到独立和有用的跑腿差事。“我给我 11 岁和 9 岁的孩子一张购物清单,让他们到几条街外的小市场买东西。”她说,“他们通常不能单独到那么远的地方,所以他们很喜爱这个任务。”

此外,你自己也会发现,任何形式的激将法,保证能够挑起孩子们的兴趣。挑战你的小孩：看看五分钟之内，他能在院子里跑几圈；或是，他能不能找到七种不同种类的叶子。这些，都可能给孩子们提供离开沙发的动力。

总结：培养孩子社交能力，要注意些什么呢？

据最近的一项调查研究显示：在最希望孩子获得的能力里，超过七成的家长选择了自信和沟通能力。这两者都是有利于孩子终身学习的社会能力。但是在现实环境中，由于受到“不能让孩子输在起跑线上”的观念影响，许多家长仍按照自己的理念为孩子创设出自己心中的成长模式，殊不知却违背了孩子自然成长的规律，从而引发了越来越多的儿童心理和社会交往的问题。培养孩子社交能力注意要培养孩子与人交往的能力，家长切忌操之过急，既不要过度保护，也不要越俎代庖地帮孩子计划好一切。

先在家中学着开口

培养人际沟通能力，不该只局限在幼儿园，家庭和社会才是更广阔的空间。父母首先要鼓励孩子自我表达，“每个幼儿一开始都是只敢在最熟悉的人面前开口，比如爸爸妈妈等。”可以选择熟悉的场地，让孩子开口，例如，先在家里人面前表现自己，说段小故事或唱支歌；渐渐的，当家里来客人时，可以让孩子尝试为大家表演，之后可以带孩子到小区或朋友家中，与陌生人交谈。“从熟悉到陌生，肯定会有一个害怕的过程。”幼儿的情感框架就是在与父母交流和共处中搭建起来的，这会影响他未来的与人交往能力。“但有些父母太过依赖早教等社会培训机构，有时候因为工作太忙，甚至把孩子‘外包’给这些机构。当亲子相处时间越少，孩子没有办法得到幸福感时，他就极有可能不愿说话或变得性格内向。”

抢玩具也是一种交往行为

不少家长害怕孩子间产生冲突，一遇上孩子分配玩具不均的事件，往往息事宁人地说：“不要抢，我再给你买一件。”李凌说，家长千万别做“和事佬”,其实这样是扼杀了孩子与人交往的一次机会。“孩子或许就在争抢玩具的过程中,领悟到怎么才能与人沟通,并获得自己想要的东西。”

千万不要过度保护

小朋友间时常会因为玩具或事物产生冲突,甚至吵架、打闹。孩子吵架,吵过就忘,但部分家长却颇为“记仇”。有的家长会说出“不要再和他玩”或“他欺负你,他是坏人”之类的评价。殊不知,家长这样做不仅是过度保护,并且人为地给孩子留下印象,把人简单地分成了“好人”和“坏人”。其实,吵闹是孩子交往的一种方式,而且往往有利于他们交往能力的发展和心智的健康成长。“家长不该简单地充当法官,而是了解事情前因后果以及孩子的内心想法,帮助他分析和解决问题。”

怎样的姿态表示期待?

在我们盼望得到某种东西时,常常会在不知不觉中用姿态传达出这种期待的心情。

1. 擦掌。当小孩子看见妈妈从市场上回来、把装满货物的自行车停住的时候,会高兴得摩拳擦掌,表示出一副期待的姿态。通常人们在参加某种活动以前,要揉搓双手,就像要洗手的动作。除非是双手冰冷,要不就是无言地传达出他对这项活动非常感兴趣。

2. 手指交叉。在很多紧张场合里,人们时常能够看到这种动作,尤其是当一个人有某种要求时,通常不动声色地把手指交叉起来,来表示希望可以实现的愿望。

■ 第二节 健身中心

这年头,无论是在公园还是马路上,很少看到早起晨练的人们,连平常的跑步,也被挤到健身中心里来了。换一身轻松舒适的短装运动衣,在轻松动感的音乐声中，随兴走进热身区，活动筋骨，舒展四肢，看看课程表，如果没有喜欢的健身课，那就上跑步机吧，宽敞明亮的玻璃墙内，几十台一字排开的跑步机上，早有人挥汗如雨，却仍在挥动双臂，执拗地似乎想要跑到终点，那气氛确也感染人，奔走在高速运转的跑步机上，脚步在快速的心跳里不能停止。

现在，健身中心不只是健身中心，还是社交的新空间。“去健身中心交新朋友，现在很时兴的。不是流行说‘请人吃饭，不如请人出汗’吗？所以交‘牌友’‘饭友’，还不如交‘瑜珈友’、‘肚皮舞友’。”

确实，看看那些走出健身室的阿姨们，往往叽叽喳喳聊得很欢，一看就知道已经是健身老友了。下一节课隔段时间才开始，阿姨们围坐到小桌边，喝喝水，从瑜珈动作到儿孙家庭，天马行空地聊开去……幽静舒适的瑜珈厅里，常常是那些富足的全职太太们聚会的场所，每次瑜珈课前，她们提前坐定，或躺或趴在瑜珈垫上，互相探讨最新的美容技法，分享彼此的美体、养生经验，最重要和别人分享的，是在私人教练指导下减下来的体重，一点也没有反弹……

现代人压力大，精神放松不下来，人和人也越来越难敞开交流。但是到健身中心里来，尤其是社区附设的健身会所，心情就不一样了。来的人起码有几个共同点：热爱运动、崇尚健康、生活态度比较积极，来这里是为了出汗放松一下，所以大家在这种时候比较真实，也比较愿意和人交流。因此应该说，现在的健身中心、健身会所已经超出了健身的基本功能，更是一种新的社交方式，一种伴随着健康、自然、积极、活力氛围的社交方式，这是现代都市人都向往的氛围。所以，参加健身中心锻炼也是治疗社交恐惧症的好方法。

而白领也很流行到健身中心扩大交际圈。不信，去几家健身中心看看，就能发现许多白领在挥汗如雨的健身运动中忙里偷闲地聊着天，同时还相互激励，不让一个健身伙伴偷懒。他们往往都是在健身之后才认识的，在结交朋友的同时也有更大收获。有一位白领正想换工作，碰巧一位健身伙伴的公司正好缺人，两人一拍即合，成了同事。还有一位白领在健身时和健身伙伴日久生情，喜结良缘。在建立良好的感情后，还可经常结伴游玩，或成为工作上的好搭档。

这样看来，健身中心实在是个扩大交际圈的好场所。不过，结交朋友的目的性不要太强，在自然接触中培养感情即可。

健身中心除了很多明文的规定，更有很多不成文的规矩，这些规则为的就是创造一个和谐、文明的健身环境。这种良好的健身环境需要我们共同参与和创造。

不过，在健身中心里锻炼身体，也需要了解一些社交礼仪。

如果有人正在使用你想用的器械——

这种情况很常见，大方点走上前去和他打个招呼，并礼貌地询问能否与他共同使用。如果你是个新手，不要拘谨害怕，在俱乐部里这种要求合情合理，说不定你就此还能结交到默契的训练伙伴呢。

如有人站在你身边等待使用你的器械——

如碰到这种情况，绅士点，客气地询问人家要不要一起用，或者告诉他你还需要使用多久。健身中心里的美女很多，说不定你的这个举动会迎来好多欣赏的目光。

如果你想学习某人的一种训练方法——

你一定被健身中心里镜子前那种表情专注、身姿动感的肌肉帅哥迷住了，想学习他的训练方法就不要犹豫了，赶紧怀着谦虚的心态大胆地去请教，大多数人都喜欢这种帮助别人的感觉。记住，请教时一定要是他的训练间歇时间，不要一直站着和人家山南海北地侃，这样会影响别人的训练。

正规的服装

男男女女身着专业舒适的健身服,星罗棋布地点缀在俱乐部,那可真谓是一景。美景也有不足。有些男士赤裸着上身出现,总会让人觉得很不舒服。滑溜溜的身体和器械接触很容易因打滑受伤,而且遗留下来的汗液也让下一位使用器械的朋友无从下手。

不要霸占着任何器械

健身中心是公共社区,所有东西都是共享的。你可以按照计划有效地进行组数锻炼,锻炼—休息—锻炼,不停重复这三点一线的动作。

这里有必要解释一下何为组数:组数的观念定义在于操作时次数总和及休息长短的依据,就是说组数的多寡必须视训练的情形来决定。训练过程中,你应该规划在锻炼每个身体部位时做几个动作?每个动作做几组?

擦掉器械上的汗水

想象一下,当你兴致勃勃走到某个器械面前准备大展身手,却发现上面满是上个运动者留下的汗水时,你会是怎样的反应?有点恶心吧!要不你就自己把汗水擦干净,要不你就转而使用别的器械。当然,你不会希望自己就是这个不幸的家伙。

为了让自己和其他人更加舒服地健身,这里给你个建议:如果你运动时挥汗如雨,健身器械上布满你的汗水,请用健身中心提供的消毒剂把汗水擦拭干净。同时,在使用前,你也可以先垫上自己带的毛巾,避免身体和机器直接接触。

不要摔举重器械

时常有仁兄在自由力量区训练后将哑铃从半米的高度摔到地上,别指望这样能迎来更多美女青睐的目光,相反这样做不仅容易伤到别人而且会让别人认为你很土。虽说健身中心不是教堂,但你也有义务保持这里的清静，不要无缘无故从高处将举重器械摔下来。

把举重器械归位

无论任何时候，当你使用完哑铃或者是杠铃、壶铃时，一定要细心地将这些器材放回原位。记住，其他的俱乐部成员是来这里锻炼身体的，并不是来这里“寻宝”。你一时的不注意，将给其他人带来诸多不便。

学会限制自己

考虑到心血管系统的承受能力，一般说来，一个人最好只在一种健身器械上运动 20 分钟到 30 分钟，尽量不要超过这个时间限制。过度运动会让人感到肌肉酸痛与疲劳，训练热情消退，食欲不振，睡眠不好。因此，适当运动后，应该休息一下，这样既可以让身体得到恢复又可以让其他人也能从你使用的器械上得益。

现在健身的人越来越多，而且大家都喜欢在健身中心里度过。但是很多人把自己一些生活上的不良习惯也带到健身中心，从而影响了其他人的健身。所以我们一定要学好健身中心里的礼仪，不给其他人造成影响。

男士注意事项——

结实的肌肉、宽厚的肩膀，如今身材的保养已经不是女人们的专利，健身中心器械区一年四季的常客当数注重身材的时尚男士们。可是令很多女性不解的是，注重外表的不少男士对很多文明细节却不太在意，一再强调也不见效，健身中心负责人甚至把他们归入“困难户”。

健身不等于“秀”身材

时下越来越多的时尚男女步入健身中心，时尚健康的生活态度是值得推崇的，但随着气温的逐渐升高，健身中心的时尚男士们也开始“适时”换装，赤裸着上身练器械已成习惯，有的健身中心不穿上衣还成了“流行风”，特别是想显露肌肉线条的男士更是乐此不疲，健身中心成了“白花花”的一片。

这令女士们大为不快。“首先我觉得很尴尬，毕竟都是陌生人，赤裸着上身出现在他人面前总觉得很不舒服。”也许有人认为，锻炼身体是自己的事情，穿什么衣服只要自己感觉舒服就行，但是健身中心毕竟是公共的场所，健身是一件很健康的事情，也需要文明的举止，也许有些男士是为了秀身材，那就失去了健身的意义。

建议：请自重，穿上衣。运动过程中，身体会排出大量汗液，赤膊健身会让汗液与健身器材接触，容易造成器材滑落而导致受伤。科学的健身方法应该身着上衣，且最好是容易吸汗的棉质上衣。

健身宜穿得体的衣装

健身中心里一些男士着装太随意，穿一双布鞋、休闲皮鞋就踏上跑步机，也有穿拖鞋出入的。健身时裤带上的钥匙串不时发出声响，影响他人健身。有的男士的背心又脏又旧，袜子也有洞，健身包用得脏迹斑斑，也不洗干净。

个人卫生堪忧

不要以为香水是熟女们的最爱，如果哪个时尚男士的包中没有一瓶香水可就要被鄙视了，实在没有香水，痛痛快快地出汗后怎么说也该备上一瓶止汗香露。可是某些穿着得体，甚至出入高档健身会所的男士们偏偏要挑战你的嗅觉神经。有些男士体味很重，甚至会影响他人的正常运动，让人想马上逃离。或许他本人没有注意到，但是用些止汗香露也是基本的礼仪。此外，某些男士健身完毕后，会马上脱鞋甚至脱臭袜子，摆出一副理直气壮的样子，很容易让人联想到“不能自理的男人”，与时尚男士的外表差之甚远。

建议：请用抑汗爽身剂。一些体味重的男士全然不知自己身上的体味会影响他人，令周围的人难忍臭味，逃之夭夭。这类健身人士，可否用点抑汗剂之类的清洁用品后，再出入健身中心？健身中心里的男士在开始健身前都使用止汗香露，这不仅是为了给人健康易于亲近的感觉，阵阵清香也为自己健身带来好心情。此外，男士完成健身后请不要当场脱运动鞋及袜子。

注意文明健身，不要过于随意

一些男士喜欢坐在健身器械上聊天、在健身中心内大声说话，高谈阔论、喜欢开"有色"玩笑，相互讥讽。殊不知这样的行为已经令身边的女士悄悄远离。很多女士认为，男士的大喊大叫甚至粗口，与健身中心的环境十分不协调。除此之外，大大咧咧的男士还经常把汗水随手抹在器械上，即使健身中心提供了毛巾，也常常弃而不用。健身中心里随处可见乱放的哑铃、乱丢的矿泉水瓶，甚至用毕的卫生间也未冲洗。

建议：如果健身中心没有提供毛巾，请自备毛巾。用运动软垫时，准备一条毛巾，别把汗迹留在垫上。用毕的小型健身器材要放归原位，方便他人继续使用。尤其是到节假日或者锻炼的高峰时段，人会比较多，大家就更需要礼貌谦让。

女士注意事项——

健身时不宜化浓妆

其一汗水会将精心修饰的脸变成一个大花猫，效果适得其反；其二为皮肤着想，真正爱美的你，锻炼时最好选择"素面朝天"。

不要佩戴过大的耳环和项链

因为器械类的锻炼工具比较坚硬，所以很容易损伤佩戴的戒指、耳环、手表等饰物。

梳起你的长发

头发飘逸的确很美，但在健身中心里，动感指的不是你的长发。美丽的长发可能会不小心被夹在器械内，不仅要受一点疼痛之苦，还会给锻炼带来许多不便,甚至受到伤害。

培养公共意识与文明

在健身中心用水高峰时,有的女士冲凉时全然不替他人着想,慢慢洗冲。公用电吹风一个人霸着用。上了卫生间不冲水。喝光的矿泉水瓶不丢进垃圾箱,而摆在器械边甩手而去。

注意手机干扰

别人在投入地健身,而你的手机却响个不停,这样,会让别人感到十分不舒服,因为自己的快乐时光被不停打扰。长此以往,你将成为健身馆中最不受欢迎的人,每个人都不喜欢和你一起上健身课。

如果有一天你发现自己被孤立了,快想想是不是手机破坏了你的人气呢？要知道,不打扰别人是健身礼仪中最重要的因素。那么,请把手机放在衣帽间,或者干脆放在家里好了！

镜子,请远离

在镜子前晃来晃去——你自豪地欣赏着自己的健身成果,身体更健康了,身材更火辣了,可是这个时候,你身后正在健身的人可就受到了极大的影响,她要看的不是你,而是她自己,所以,在有人锻炼的时候,请你远离镜子。

垃圾,请带走

一个真正德智体美劳全面发展的健身者在健身时是绝对不会留痕迹的。健身后,请不要把水瓶或者纸巾留下,把它带走,保护健身环境人人有责。如果你做不到这一点,那就别以礼仪先锋自居了,否则,你将受到大家的指责。

现在健身的人越来越多,但是健身也是有很多讲究的,不同的人要选择不一样的、具有适合自己的健身方式,这样才有利于自己身体的健康。

一、急躁型

有的人处世不够冷静沉着，易冲动急躁。这些人可选择下象棋、打太极拳、练习健身气功、长距离散步、游泳等健身项目。这类活动多属静态、单独的运动，不会带来情绪的过于波动，有助于调节神经功能，增强自我控制能力。

二、紧张型

有的人心理素质缺少锻炼，应多参加竞争激烈的健身项目，如足球、篮球、排球等项目。这些项目场上形势多变，紧张激烈，只有冷静沉着地应对，才能取得优势。若能经常在这种激烈的场合中接受考验，遇事就不会过于紧张，更不会惊慌失措，从而给工作和学习带来好处。

三、虚荣型

有的人虚荣心强，遇事好逞强。这些人可选择一些难度较大或动作较复杂的运动健身项目，如跳水、马拉松长跑等，也可找一些实力水平超过自己的对手下棋、打乒乓球或羽毛球等，以不断地提醒自己，万万不能骄傲。

四、胆怯型

有的人天性胆小，动辄害羞脸红，性格腼腆。这些人应多参加游泳、滑冰、拳击、单双杠、跳马等健身项目。这些健身项目要求人们不断地克服胆怯心理，以勇敢、无畏的精神去战胜困难，越过障碍。经过一个时期的锻炼，胆子会变大，为人处世也就显得从容自然了。

五、孤僻型

有的人性格内向、孤僻，不合群，不善于与人交往，缺少竞争力。这些人应选择足球、篮球、排球及接力跑、拔河等团队运动健身项目。坚持参加这些集体健身项目的锻炼，能增强自身活力和与人合作精神，逐渐改变性格。

六、多疑型

有的人多疑，对他人缺乏信任，处理事情不果断。这些人可选择乒乓球、网球、羽毛球、跳高、跳远、击剑等健身项目。这些健身项目要求运动者头脑冷静、思维敏捷、判断准确、当机立断，长期从事这些活动将有助于人走出多疑的思维模式。

健身中心服务礼仪规范

一、前台接待礼仪

1. 招呼："您好，欢迎光临某某健身中心！"

2. 接待："早上好/下午好，××先生/××小姐。"

3. 会员登记：

如果会员没有自动出示会员卡："抱歉，请出示您的会员卡。"如果会员忘带会员卡："请问您的名字和会员卡号码。"

4. 退还会员卡："您好！祝您健身愉快！"

5. 会员等待刷卡："对不起，请您稍等。"

6. 会员参观："请您填好这份表格，接待您的会籍顾问马上就到。"

7. 会员携同朋友："请稍等，您的会籍顾问将带领您的朋友参观。"

8. 当会员离开了健身中心时："您好，欢迎下次光临，请慢走！"

二、会籍顾问礼仪规范

（一）拜访顾客的礼仪

1. 事先约定时间。推销员如果要去拜访一个顾客，最好事先以电话说明拜访的目的，并约定拜访的时间。

2. 做好准备工作。了解拜访对象的个人及公司资料；准备拜访时需用到的资料；订好明确的拜访目的；整理服装、仪容；检查各项携带物是否齐备，如名片、笔、笔记本等。

3. 再次确认。出发前与拜访对象再确认一次，算好出发时间，注意宁可早到，不可迟到。

4. 整装。到顾客办公大楼前后再行整装一次。

5. 进入室内的应对。面带笑容地向接待员说明身份、拜访目的及拜访对象;从容安稳地等待接待人员引导自己到会客室或拜访对象办公室。

6. 见到拜访对象。行礼、交换名片、寒暄;顾客请人奉上茶或咖啡时,不要忘了轻声道谢。

7. 商谈。称呼及遣词用字,注意礼貌。

8. 告辞。感谢对方抽出时间接待;面对拜访对象告退,行礼后轻轻关上办公室的门;若对方要相送,礼貌地请对方留步。

(二)接待预约访客的礼仪

1. 看到顾客时立刻起立,向顾客微笑着打招呼。

2. 问候及交换名片。

3. 引导顾客至会客室入座。

4. 奉茶或咖啡。

5. 进行商谈。

6. 结束商谈。

7. 送客。

视情况可将客人送出会客室、送往电梯口及办公楼大门。送往电梯口时,注意帮顾客按下电梯;送往办公楼大门口时注意电梯共乘的礼仪。

(三)推销员对临时访客的礼仪

1. 看到访客时立刻起立,向顾客微笑打招呼。

2. 请教大名及来意。礼貌地确认客人的姓名、拜访对象及拜访事宜。

3. 联系受访对象。迅速地与受访对象取得联系,告之访客姓名及拜访目的。

4. 依指示行事。询问受访对象指示,或带往会客室,或带往办公室,如没时间接见,请留下讯息再联络。

5. 引导访客至会客室的方法是立于访客左前方，并以右手或左手手掌并拢，手臂向前，倾斜约45度。引导访客至会客室就座，奉茶或咖啡。然后告诉访客受访对象立刻或几分钟以后来。

6. 如果受访者抽不出时间，要告诉访客非常不巧，受访人正有事处理，抽不出时间，并请访客留下名片、资料，代为转达，要用双手接下资料后，礼貌地送客。

三、健身教练服务礼仪

（一）接触会员把握分寸

健身教练在给会员上课时，免不了身体上的接触，要时刻把握和会员接触时的分寸。一方面要时刻面带微笑，在会员练习时不时用话语给予鼓励，另一方面不能过于热情，超过教练与会员的界限。健身教练在给异性会员上课时，要注意不与对方谈及私人问题，不打探对方生活隐私。要学会倾听而不是倾诉，不过多表达自己的主观意见。

（二）善用激励疏导情绪

健身教练有时还充当心理减压师的职责。一些白领会员可能因为白天工作压力大，脾气有些捉摸不定。一次一位女会员在练习器械时，健身教练按照事前制订的健身计划提醒她“再做两次”，这名会员听了一下嚷了起来“我都要累死了，做不动了，你怎么还让我做啊”！

健身教练顿时感到十分尴尬，但是静下心来一想，这名会员肯定是白天遇到了不顺心的事，控制不住自己的情绪，才做出如此举动。健身教练意识到自己应该像什么事都没发生过，尽量安抚她的情绪，使训练课能够顺利完成。于是对她说“对不起，那咱们先放松一下吧”。

这名会员的情绪慢慢平静下来，在接下来的训练中，健身教练又不时用激励化解她的不良情绪。当天的训练完成后，学员主动找到健身教练为自己的失礼道歉。

（三）保护学员隐私

健身教练会掌握很多有关会员的私人信息，比如：地址、电话、年龄、身份等等，这些都属于会员的个人隐私，健身教练是绝对不允许将这些信息以任何方式泄露给他人的，这是健身教练一个基本的职业准则，也是取得会员信任的一个重要方面。

（四）不歧视身体有缺陷的会员

有些来健身的会员体形不是很优美，身材过胖或过瘦，出于礼貌，健身教练不能用语言或肢体动作来表达对会员身材的看法，更不能与他人议论会员的身材。应在练习过程中不断鼓励这些会员，帮助他们树立自信。

对于身体有残疾的会员，健身教练应该给予更多的关爱，尤其做好协助保护工作，确保练习过程安全、有效。同时也应把握好度，不能事事插手，有些残疾人自已能做到的事情，健身教练应该让其自己完成，此时若过分殷勤会使对方反感。

介绍礼节

第一、注意介绍的顺序

介绍的原则是：把一方介绍给更为尊贵的一方。就是把年轻的一方介绍给年长的一方，把男士介绍给女士，把职位低的一方介绍给职位高的一方，把未婚女士介绍给已婚女士。

如果在正式工作场合，就要注意，主要根据职位的高低来介绍，这个时候，“长者优先”、“女士优先”就要服从于职务高者优先的原则；如果是做集体介绍，就要注意把贵宾由职位高到低依次介绍。在没有明显高低长幼客人的社交场合，也可以淡化高低次序，按位置顺序依次介绍。

第二、注重介绍的意识

一个具有高素质的人，不管在社交场合，还是行路中碰到朋友，都要随时意识到自己有义务为双方并不认识的朋友作相互的介绍。

第三、语言要得体

要完整地介绍被介绍者的身份与姓名。

在介绍的时候，通常情况下或起身与对方握手，或是欠身点头致意，但如果是年长者和女士，一般可以随意些，不必起身。但有的时候，不起立便意味着你的身份高于对方。

第四、做好自我介绍

自我介绍是推销、展示自身形象与价值的一种必要的社交手段和方式。在社交场合，假如你希望认识某一个人，要能够主动上前自我介绍，不要总是等待他人来结识自己，或是被动等待，这不利于更好地打开自己的知名度，不利于形成自己的人际网络。

自我介绍是能够有所选择，但要注意如果有几个人在一起，就不可以明显地只结识某一位特殊人物，而对其他人视而不见。

初次见面时，自我介绍要热情大方，自信坦然，不能过分地亲热、夸张。例如：用力摇动握手与热情拍打对方手臂，对方会在诧异中认为你缺乏基本的待人接物知识。

第三节　老年活动中心

美国一项最新研究成果显示，经常参加社交活动有助于人在年老时维持生活自理能力。美国芝加哥拉什大学的研究人员对 954 名成年人进行了长期跟踪调查，得出了上述结论。在研究开始时，被调查对象生活都能完全自理。研究期间，他们每年接受体检和智力测试，并提供平时参加社交活动的信息，如外出就餐、参加志愿者活动、与社区其他人士交往等。目前被调查对象平均年龄为 82 岁。

调查结果显示，经常参加社交活动的老人更容易保持生活自理能力。

与较少参与社交的人相比，社交活跃的老人在进食、洗澡、穿衣或上厕所等事务方面保持自理能力的几率要高出一倍；在打电话、做饭以及自行吃药等日常活动方面保持自理能力的几率则高出50%。

研究人员说，社交活动可增强神经系统和骨骼功能，从而起到防止体能衰退的作用，这可能是防止老年人丧失生活自理能力的一个重要原因。

有一天你突然收到一封信，说你有一大笔遗产要继承，数额有三千万。对这从天而降的巨额遗产，你会做什么样的打算？

你有如下几个选择：1. 带着家人周游世界；2. 全额捐给慈善机构；3. 一半留下，一半捐出；4. 全部留下享用。

这是一个有趣的心理测试，测试的结果是这样说明的：选择1和2的人对人群有极大的热情，不会有社交恐慌；选择3的人有一定的社交恐惧心理；而选择4的人对人群完全缺乏信任，有严重的社交恐慌。

虽然这个测验有一定的游戏性质，但从一个人对待金钱的态度上，多少可以看出他与人群的依存关系。一般说来，这种依存关系越宽松，出现社交恐慌的可能性越高，反之则没有社交恐慌的风险。

任何人都可能产生社交恐慌，而老年人的社交恐慌则有着特殊的心理背景和环境因素。

首先，人步入老年后，会不自觉地产生一种奇怪的心理。一方面他们掌握了丰富的社会知识和经验，有的在职时还身居高位，因而自尊心很强。这份荣耀和自尊使他们形成一种优越的心理定势。而恰恰是这种心理定势使得他们对退休后的闲适生活极不适应，从而产生一种莫名其妙的心理矛盾：我应该以一种什么身份与这个世界进行交流？如果是以在职时的尊位，社会或许并不接受，而以一种普通退休者的身份，自己则心存不甘。对自己身份的难以确认，常常使他们找不到与世界对话的方式，不自觉地产生了人际交流障碍,对社会人群采取逃避策略,久而久之形成社交恐慌心理。

其次,知识在社会潮流中的更新速度令老年人对主流文化产生畏惧,心理压力增大。这种压力给老年人带来的就是自卑感,他们会产生被时代淘汰的恐慌。虽然很多老年人并不承认自己有这种隐形的自卑,但事实上他们对人群的若即若离就是一个证明。也许起初他们并不是刻意这样做的,但要命的是惯性。一旦惯性暗中起了作用,有一天他就会觉得一切都是那么自然和合理。而此时新的人格已经形成了,再让他们回归社会,回归人群,他们就会产生恐慌。所以人的很多状态都是心理与环境相互作用的结果。

社交恐慌说到底就是一个人心生的强迫性的恐惧情绪,这种情绪一旦形成,将严重影响老年人的生活。道理很简单,一个人不可能脱离社会而生存,而老年人对社会的依赖心更为迫切。

因为年龄的原因,他们比任何时候都更珍惜快乐的时间,渴望被关怀和尊重,渴望被各种社会群体所接受,以显示他们存在的价值。而社交是老年人进入社会最便捷的一个通道,这个通道一旦出现阻碍,就跟人体血管发生堵塞一样危险。

与社交恐慌相反的情形是,老年人与社会交流热络。不言而喻,经常交往有助于对抗身心老化。一些研究成果也表明,与经常参与社交活动的老年人相比,有社交恐慌的老人运动功能衰退的速度更快。

虽然很多老年人知道情感发散可以稀释掉负面的情绪,可为什么还是有很多老年人不愿意交往呢?

不愿意交往的老年人大多人际吸引力差,而人际吸引力差的根本原因来自于老年人的自卑心理。很多老年人都会这样说:我年纪大了,已经不中用,跟不上形势,没人再在乎跟我们交往。在这句话中,老年人特有的衰老恐慌、孤独恐慌和本领恐慌已暴露无遗。如果把这些恐慌转移到人际交往中，就出现了老年交往障碍。所以，归根到底，老年人不愿意交往最大的心结是来自他们的自卑心理。

自卑是一种痛苦的心理体验。当老年人在社会交往中产生自卑感时，人就陷入了孤立和无助的状态。而事实上，这些自卑的老年人无论在生理方面或能力方面并不一定就很差。在人际交往中，自卑的人比起狂妄自大的人来要讨人喜欢得多，他们谦虚，安分随和，让人更乐于与他们相处。所以有自卑心结的老人要善于把劣势变成优势，树立起一个良好的心态，克服交往心理障碍。

如何打开老年交往自卑的心结，克服人际交流的障碍呢？可以分两步走。

第一步，要给自己一个与外界交往的理由。就是说自己内心一定要搞清楚为什么人到老年还要与人交往？不交往可不可以？我们说老年交际就像吃饭睡觉一样，不但是身体的需要，也是精神的需要。因为不交往人就会精神压抑，继而造成脏腑失调，就会生病。找到了这个根子，你就会明白，交往不是谁强迫你做的事，而是你必须做的事。你的交往是为了自己的健康，而且通过交往你不但可以克服孤独恐慌，还能克服衰老恐慌和本领恐慌。

有了这样的心理基础，你就会把人际交往当成与吃饭睡觉同样重要的事，成了生活的必需，你心里就没了芥蒂。

第二步，确认自己是具有人际吸引力的。人际吸引力就是人的长处，是个人的魅力。你没钱，但你有学问；你读书不多，但你生活经验丰富；你不算帅，但你有风度，身体健康……总之，人总会有优点。只要有长处，人都是有人际吸引力的。

很多老人之所以不能认识到自己的人际吸引力，是因为他们认为所接触到的交往对象都比自己有优势,因而产生交往心理障碍。其实,即使真的每个交往对象都比你更有优势,也并不妨碍你与他交往。如果对方愿意和你交往,你退缩了,那还是你的问题。那证明你的心理还没有真正调整好。

有一位83岁的老爷爷,没有读过书,靠种地为生,但他从来不知道什么叫自卑,在山里他最有"老人缘",可以称得上是交际高手。他的交际哲学总结出来只有两个字:平衡。什么叫交际平衡?就是你把你与交往对象之间的关系调适对等了。对等的交往最符合人际交往的和谐法则。

比如你的交往对象是一个比你富有或者退休前地位比你高的人,你不要盲目同他攀比,而要用一颗平常心来看待,因为每个人的人生遭遇和机遇都不一样,有的人成功一些,有些人不那么成功,这就是人生的命运。但不管怎么样,对老年人来说,一旦步入老年,功禄名利都是过眼云烟,健康快乐才是最重要的。在这一点上大家就是平等的,有了这样的平衡,老年人的交际就没有心理障碍。

再比如你的交往对象是一个比你更有风度和学识的人,你也不要用自己的短处去比别人的长处,而要用自己的长处去平衡它。因为人不是神,只要把自己的长处发挥到极致,就会有自己独特的精彩,你有你的精彩,我有我的精彩,这样人际交往就对等了。对等了就是平衡,就是和谐。老年人能看到这一点,自卑心结自然就打开了。

第三,要摆脱权威心理,降低姿态。就是说要对自己的身份进行重新定位,不管你原来职位、身段高低,都要相信人与人之间是平等的,要用不卑不亢的态度对待身边的人。这是心理调适的关键,这种心态调整好,就好比你用降压药把你的血压降到适合身体的域值,头不晕,眼不花,跟正常人一样。

第四,要将心比心,推己及人。一方面要承认自己进入老年后与社会主流思潮的差距，这与个人品德没有关系，不必去责备自己；另一方面要相信你的处境也是别人的处境，老年人的心理境遇都有相似性，所以你不必把别人想得过于强大，把自己看得过于渺小。如果能克服这个心理障碍，你就会燃起交往的热情，恐慌就会烟消云散。

要知道，相信自己，不仅是一个人交际能力最重要的素质之一，也是老年人意志和力量的体现。

而在社区附设的老年活动中心，老人们可以聊聊往昔工作和学习的事，谈谈孩子们的工作和生活，再互相交流一下自己的退休生活，高兴事大家分享，烦心事大家分忧。而老年人休闲方式的多样化也折射出精神生活的提高。此外，与老朋友聚会对于老人的情绪、情感健康非常有益。有研究显示，老人良好的心境能使机体免疫功能和各器官的功能均处于最佳状态，这对于预防抑郁症、老年痴呆及一些其他疾病至关重要。

调查问卷显示，老年人平时参与较多的"爱好"依次为：打牌、下棋、运动、学歌、练字等。

"对现状挺满意的。我每天都到社区活动中心来，在这里结识了很多老年朋友，如果谁哪天有个小病什么的没来，大家都会念叨起他来，换了自己也一样，哪天不能来总会觉得很失落。这已经成了一种习惯了。"一位姓顾的老伯说，对于老年人而言，每天能和朋友聚在一起是一件很开心的事情。

在社区活动中心，老年人很容易建立起自己的"圈子"。平时可以在一起谈天吹牛，晚上则可以聚在一起放音乐练操。

何谓"圈子"？社会学认为，"圈子"是指由一群人形成一个固定的或大或小的团体。它通常是指朋友交往的小圈子、组成的小团体。

人在社会生活中，总希望在友谊、情爱、关心等各方面与他人交流，希望得到他人和社会群体的接纳和重视。相对而言，老年人有着更为强烈的“圈子”归属感，除了家人和亲人外，对朋友的需求十分强烈，需要营造退休后的新的交际圈子，来丰富自己的晚年生活。很多老年人退休后都有一个两个交际圈子，有的甚至有多个交际圈子。而“唱歌跳舞健身交际”成了很多老年人的选择。“唱歌跳舞健身交际”是一个主动型的活动过程，老年朋友直接参与这些活动，与活动中的他人相互作用，相互沟通，增加晚年生活的幸福度和满意度。很多人因为唱歌跳舞而相识，成为“歌舞友”。还有很多老年人通过自己的“圈子”，找到“书友”、“画友”、“诗友”、“鸟友”、“花友”、“棋友”、“牌友”、“钓友”，或一起旅游的“游友”，等等。这些老年人自发组织的团体、组成的“圈子”，成为他们积极、健康、高尚的交流平台。

而我们也不难发现，不少老年人在离退休后，走不出失落感困境，孤独、焦虑、自卑等不良心理困扰着他们，有的加上如家庭矛盾、子女不孝、身患重病、丧偶等诱因，甚至患上老年忧郁症。

在社会日益进步的今天，老年人要做到老有所养、老有所教、老有所学、老有所为、老有所乐，提高生活质量，建立自己的“圈子”绝不可少。它是一种艺术，也是一种良方，是一种健康的生活方式的体现。它能带给老年人情感上的慰藉，精神上的满足，心理上的愉快，生活上的支持。

老年人的“圈子”要靠自己去组建，去寻找。老年朋友，为了丰富你的晚年生活，为了你的身体健康，走出门去，走进社区，参加到你朋友的“圈子”里去吧！

走进社区第一步：开放自己的心灵，塑造良好的第一印象

通过日常人际交往，我们可以发现这样一个有趣的规律：在老年人情感发散的过程中，除双方的兴趣爱好差异影响交流的效果外，还有一个非常重要的原因会影响交流的质量，即人际交往中双方心灵的开放程度。一般来说，开放程度越大，对方心理越满足。

比如说,一个老年人与人进行交流时,如果能最大限度地开放自己的心灵空间,那么,就会引起对方更多的理解和共鸣,即使双方的兴趣爱好不尽相同,也能建立起不错的人际关系。

能够做到这一点的老年人,大多具有“好人缘”。

老年人将心灵开放给交流对象,其实暗示着他对交往者充满浓厚的兴趣。因为每个人都有被关注的本能需求,你能让对方感到你对他充满兴趣,对方才能把你当做可交往的对象,这就像一个小说家对待他的作品一样,如果小说家不喜欢读者,读者就不会喜欢他的小说。

应酬学上有一条原则是:先适合别人的需求后再达到自己的需求。但是在老年交往的过程中,能够做到这一点的人并不多,老年人有怕吃亏的心理,怕过于关注了别人而得不到相同的回报。这是误解了人际交往的一般规律。

但是,我们也应该看到,老年人人际交往未必只要将心灵开放就什么问题都解决了。特别是与陌生人交往,开局是快乐交往的关键因素。所以老年“好人缘”大多来自交流的首因效应。

首因效应是指人们初次交往时各自对交往对象的总体感觉,说白了就是初次见面的第一印象。第一印象对以后的交往起着决定性的作用,一般来说,第一印象一旦形成,要改变它就很不容易,即使后来的印象与最初的印象有差距,很多时候人们还是会不自觉地服从于最初的印象。

老年人交际范围和精力有限,如果能给交往者留下美好的第一印象,就可以增加交际的信心,获得更多的交际机会,扩大老年人脉,从而消除各种心理恐慌,给自己带来快乐。

为了塑造良好的第一印象,老年人交际不但要注意仪表,包括衣服的整洁,服饰的和谐搭配,还要有恰到好处的言谈举止。如果你的穿着都很到位,但言谈举止失礼,或心灵空间开放不足,交流缺乏诚意,人际交流就会陷入被动。这是老年人交际的大忌。

首因效应不仅仅在于仪表和言行举止,更重要的是要选择初次交流的内容。要记住的是,初次跟别人交谈的时候,不要以讨论异见作为开始,要以强调双方都感兴趣的、观点一致的内容作为开始。也就是要尽可能使对方在开始的时候不断点头,表示赞同,而不是摇头说不是。

一本关于“人类行为动机”的书中说,“人际交往最不容易突破的障碍,就是当一个人说‘不’时,他所有的人格尊严,都要求他坚持到底。即使事后他觉得自己说错了,但考虑到宝贵的自尊,也得坚持下去。”所以,老年交往能一开始就使对方采取肯定的态度是最重要的。懂得说话的人都在一开始就给出一些肯定的反应,接着再把听众心理导入既定方向。

一般来说,当一个人说“不”,而本意也确实是否定的话,他所表现的绝不是简单的一个字,他身体的整个组织包括内分泌、神经、肌肉等全部凝聚成一种抗拒的状态,你会看到对方的身体在收缩,整个神经和肌肉系统形成了一种抗拒的状态。而当一个人说“是”的时候,身体组织就呈前进、接受和开放的态度。人们在交往中经常会出现这种微妙的肢体语言。要知道,老年人初次交往开始就说“不”,以后想把这个局面挽回,需要天使的智慧和耐心。第一印象看起来显得表面化,但它是长期交往的基础。

走进社区第二步:“忘年交”能使老人的思维和生活圈永远向外延伸

如果老年人总生活在一成不变的人际圈子里,交流的内容缺乏新意,难免出现审美疲劳。

而“忘年交”突破了年龄和辈分的界限,跨代交流,就可以改变这一缺陷,让生活充满更多的乐趣和新鲜感。

“忘年交”表现为一种代际交流的互补关系:老年人可以从年轻人那里获得新的知识和能量,而年轻人也可以分享老年人的经验和智慧。所以老年人跨代交往实际上同时满足了不同代际之间外在与内在的需要,既是一种跨年龄交往，也是一种跨文化交流。更重要的是，它能使老年人枯燥的晚年生活充满活力，缓解老年人的各种老年恐慌。

俄罗斯生理学家巴甫洛夫一生都喜欢结交年轻人，年老后更是经常找年轻的朋友一起喝咖啡、吃饭、谈天说地，80 岁了还爱和孩子们做游戏。南宋诗人陆游就像一方游士，到处结交年轻人，在古稀之年常常与曾孙骑竹马嬉戏，诗句“整书拂儿当闲嬉，时取曾孙竹马骑”就表达了他在“忘年交”生活中的快乐情绪。金庸笔下的周伯通交友很多，郭靖、黄蓉、杨过、小龙女等等，他和晚辈的交往也是无拘无束，他毫不在乎自己的年龄和辈分，完全融入到与晚辈交往的欢畅之中。

美国曾发表了一份对长寿老人的调查报告，报告显示，与年轻人交往密切的老人不但长寿，而且身体老化的速度大大降低，没有任何心理疾病。在接受调查的 1 730 名年逾 80 岁的老人中，有“忘年交”的老人占了 83%以上。

我们知道，老年人在生理和安全需求得到满足之后，就会对归属和尊重等人际交往的需求更加迫切。老年人如果得到年轻人的理解、信任和帮助，心里会涌起一种愉快欣慰的感觉，大脑就会分泌一种物质，使内心获得平和和温暖，使心理功能处于最佳状态，人也就变得年轻了。

老年人在与年轻人交往的过程中，在思维向外发散的同时，他们的生活圈也随之向外延伸，这意味着“忘年交”完全可以使老年人的思维、视野和生活圈发生根本性变化，使老年生活不再暮气沉沉。

简单易行的老年人交往方式

尽管很多老年人有与外界交往的迫切心愿，但他们感到要真正实现交往也不是一件容易的事，很多人在被动等待中浪费了美好的时光。所以主动积极地交往对老年人来说也是一个课题。

如果你能很好地运用下面几种方式进行日常交往，实施交往就是眼前的事，很简单也很有效。

聚会

聚会是一种多点式的立体交往，可以以自己为圆心，以一点对多点向外放射。老年人可以以各种由头，把相识或不相识的人吸引到一起，形成一个现场交往平台，交往就变得自然而然了。

聚会可以是老同学聚会、老同事聚会，也可以是生日聚会、节日聚会，现在网络上QQ群友聚会在老年人中也非常普遍。由于现在的聚会大多实行AA制，每个人平摊聚会的费用，所以也没有任何经济上的负担。

串门

串门是最为传统的交往方式，特别是在农村居住的老年人，几乎每天都会到左邻右舍坐一坐，喝杯茶，聊上几句，串门变成了一种民俗。

但是，令人困惑的是，在现代城市中，即使在很熟悉的朋友之间，相互串门也是一件新鲜事。城市中老年人互不串门的原因来自于城市文明对私人空间隐秘性的禁忌。很多老年人认为，家庭以及私人空间具有很强的私密性特征，即使你是善意踏入，客观上也是在打破这个空间的平衡，干扰对方的生活，难免会给对方造成困扰。所以我们看到，城市中的老年人会面，宁愿选择在茶馆、咖啡厅等公共场所，也不愿意去登门拜访。可以说，不串门是一种现代都市病。

但是，当社会发展到一定阶段的时候，有时就会出现返璞归真的现象。现在各大城市出现的"串门养老"的风潮会打破城市老人不串门的禁忌。

所谓"串门养老"有两种形式，第一种形式是，老人们离开现在居住的城市，到异地享受特色养生、医疗保健、文化交谊、旅游观光等系列服务，即城市间进行串门，也就是异地互动养老；第二种形式是，通过一定的组织形式让同城的老年人之间进行互动，走进对方家庭，进行面对面的访问和交流。这种形式一般都是经过严密的组织协调，让有共同兴趣的老年人找到知心朋友。

不管哪一种形式，都说明“串门”对老年人来说是日常生活中不可缺少的交往方式，在现代城市也值得提倡。因为通过登门拜访，一方面可以满足对方被重视的心理需求，另一方面家庭造访是一种非常生活化的、立体的交往，具有超乎寻常的亲切感和信任感，很容易拉近彼此的距离。

尽管串门对老年人大有好处，但也要讲究方法。比如出访前事先与对方进行电话约定，让对方有个准备，不要贸然登门，以免打乱主人的安排；在交谈和倾诉时，尽量不要把不好的情绪带给对方，给对方造成负面心理压力，也不要漫无边际地聊个没完，控制时间和登门的节奏，千万不要没事就登门。

打电话，发短信

老年人在家给亲朋好友打个电话，发个短信，问候或倾诉，足不出户就可以使交往得以实现，这是一种成本很低但很传神的交往方式。有时一声亲切的问候，一次贴心的交谈，可以使整个人的心境好起来。

美国加利福尼亚大学经研究证明，通过打电话与朋友交往可以使老年高血压病人血压降低。事实上老年人群由于自主神经血压调节能力的下降，血管硬化，忧郁和恐慌情绪影响血压的波动更明显，精神上微小的刺激有时也可使血压升高。但电话交往方便，轻松又温暖，能使老人的情绪平和。

但值得注意的是，电话交往尽管方便，却不能过度使用。如果每天睁开眼就开始煲电话粥，乐此不疲，影响了别人的正常生活，电话交往的功能就丧失了。

电话交往时需要注意的一些细节问题：1. 控制通话时间，不要说个没完;2. 聊彼此感兴趣的事;3. 不要在别人休息的时候打电话;4. 不要每天只和同一个对象进行电话交往。

网聊

一台电脑,一根网线,相隔千里之外的人也能聊天交往,如果再配上一个麦克风和摄像头,还能看见对方的音容笑貌。这就是网络时代带给老年人的新的交往平台。

老年人上网聊天可以打破年龄、地域的限制,结交天南地北的朋友,进行海阔天空的畅谈,生活中不能够倾诉的喜怒哀乐可对网友一吐为快,这样就能抵御各种不良情绪,消除衰老恐慌、孤独恐慌和本领恐慌。另一方面,老年人用键盘打字,动手动脑,能够保持大脑活力,延缓和抑制大脑衰老,使老年人更加健康长寿。

但我们也要看到,由于上网是一种体力消耗比较大的活动,而且固定坐式,容易使人疲劳,所以老年人不要久坐在电脑前,否则容易引起腰、颈椎等部位的损伤。每隔一定时间要休息一下,活动一下肢体。更不可"熬夜",保证充足睡眠。另外,要注意保持心情愉悦及心态平和,避免情绪波动,防止心脑血管意外的发生。

社交场合老年人应注意的问题

1. 不要到忙于事业的人家去串门,即便有事必须去,也应在办妥后及早告退;也不要失约或做不速之客。

2. 不要为办事才给人送礼。礼品与关系亲疏应成正比,但无论如何,礼品应讲究实惠,切不可送人"等外"、"处理"之类的东西。

3. 不要故意引人注目,喧宾夺主,也不要畏畏缩缩,自卑自贱。

4. 不要对别人的事过分好奇,再三打听,刨根问底;更不要去触犯别人的忌讳。

5. 不要拨弄是非,传播流言蜚语。

6. 不能要求旁人都合自己的脾气,须知你的脾气也并不合于每一个人,应待人宽容。

7. 不要服饰不整、肮脏、身上有难闻的气味。反之,服饰过于华丽、轻佻也会惹得旁人不快。

8. 不要毫不掩饰地咳嗽、打嗝、吐痰等,也不要当众修饰自己的容貌。

9. 不要长幼无序,礼节应有度。

10. 不要不辞而别,离开时,应向主人告辞,表示谢意。

11. 老年朋友说话要注意简洁明了。人老了不同于年轻时,在思维,反应,接受能力上都可能慢一些,所以,老年人在社交场合同人说话时,要注意尽量简洁明了,避免重复多次,别人听了容易厌烦。

12. 老年朋友要注意久坐不起的习惯。俗话说"屁股沉"。我们常常看到有的老年朋友拜访老单位、老同事时在办公室一坐就是半个小时、一个小时的。其实,很久没见面,亲热地说说话,这种友好的心情是可以理解的。但有一点,退下来的老同志精神放松,在时间和任务上没有什么压力,而在职的就不一样,在办公室里每10分钟,半个小时就可能安排一件事。如果我们一直跟他说,虽然人家不好走开,但心里却急着要去办事,这不是事与愿违了吗?

13. 老年朋友在社交场合要注意说话的距离。人到了一定的年岁后不仅视力下降,听力也在下降,这是自然规律。人的听力一下降,在和别人说话时不但声音大,而且说话总觉得离对方远,怕对方听不见,因此,一说话,总是自然不自然地靠近。其实,大可不必,只要听者不是老人,就不必靠得太近。

当然,提醒老年朋友在社交场合注意些礼节是必要的,但我们不要忘了,毕竟是老人,年岁大了,免不了有一些不得体,不合时宜的举动,做晚辈的要充分理解和宽容,这本身也是尊老爱老的表现。

“老吾老以及人之老，幼吾幼以及人之幼。”尊老爱幼是我们中华民族千百年来的传统美德，也是一种普遍的社会要求。当人的饮食温饱等生理需求得到了解决之后，人类最难忍受的大概就是孤独了。在日常生活中，我们每个人似乎都有愿意接近他人、避免孤独的倾向。几乎是没有人愿意独自一人，与外界不相往来的。即使像鲁宾逊那样漂流孤岛，无法与人交往，也要养几只动物，以慰心灵上的寂寞。

确实，每个人的生活离不开其他人，离不开各种社会组织，个人的衣、食、住、行也都离不开社会，与他人的交往、交流是势在必行的。作为耄耋之年的老人家，更不愿意孤独终老，更渴望得到关爱……

老年人最大的一个认知特点是：往事历历在目，近景一片模糊。几十年岁月的痕迹深深地烙印在他们的心里，过往的苦难与欢乐，让他们沉浸在遥远的回忆中，是支撑他们生活的一个很重要的精神支柱。而眼前的人和事，他们却绝大部分都记不住多少。

在社区里，最容易遭到冷落和被人遗忘的是老年人。虽然几乎所有的人对年龄最长者都会表示应有的尊重，但是能坐在他身边并同他交谈的并不多，由于生活经历和生活方式的显著差异，同老年人交谈似乎很难找到一个共同的话题。

老年人最害怕的就是孤独和寂寞。正因为如此，主动地关心、同情老年人，并与之认真地交谈，使他们得以排除寂寞，获得精神上的安慰，便成为后辈人义不容辞的责任，而且事实上同老年人交谈，对于我们自己也是很有裨益的。

多数老年人都喜欢缅怀往事。如果你能引发他们谈谈他光辉的一页，这对于他们实在是一件最快乐、最得意的事情，而对于你，借以了解一个历史的片断，熟悉一个动人的故事，这又何尝不是一个难得的学习机会？因为在老人漫长的岁月中能保持极为深刻印象的事情，总是那些最激动人心最令人感兴趣的事情。

有些老年人，最喜欢向青年人谈他对当前社会各种事情的看法，而在他谈这些看法时，每每拿他知道的过去的事情作对比，那么，你去同他交谈，想引出一个他愿意谈的话题，就决不是一件困难的事。他年轻时的装扮，他读书的第一所学校，他印象中的最好的一部电影，或那时的交通、娱乐、物价、奇闻等等。欢乐的、痛苦的、可笑的、严峻的，或炫耀，或悔恨，或愤慨，或遗憾——一旦打开老年人的回忆的闸门，我们只怕他说个没完没了的。

同老年人谈话时，你应该以他为主，你只要在一旁静听就行。要时时表现出你的情绪为他生动的讲述所感染；你自然地常常表现出你对他提出的某些观点的赞同，而当你有不理解或者不同意他观点的时候，也不妨偶尔问他一两个问题，表示你的疑惑、不解。要记住，你是在同一个活生生的人谈话，你在尊敬他的同时，却不要把他当成一座神来侍奉。你在老人面前表现出过度的虔诚，反而会使他觉得你的虚假。

老年人大都重听，同他们谈话，要适当加大音量和放慢语速，但切不可完全地把他当成一个聋哑人，你不能表现出对他的怜悯，同他谈话，更不能带有讥诮的神气，那是让他们绝对忍受不了的。

也许是老年人很难找到一个乐于同他交谈的对象的缘故，当他得到了一个你这样高兴同他谈话的对象时，他很可能死死抓住你不放，不让你离开他的身边，有时甚至当你起身告辞时，他还要拉你坐下或招呼你过来，继续与你交谈。一般情况下，听老年人讲话是不能表现出厌烦情绪的，你不能随便找个借口或作个暗示借以离开他。即使他把已对你说过两次的故事第三次又同你讲起，你也应耐心倾听。难道就这样永远地呆在他的身边，无休无止地听他谈下去吗？你要抓住时机！在他讲完一个故事或者很明显地说完了一段话时，你应立即起身告辞，千万别迟疑，你稍一犹豫，他也许又开始了另一个故事，那么你只好再坐上半个小时。

以下是一些与老人谈话的具体注意事项——

1. 态度：要和蔼可亲，平易近人，脸上常带微笑，让老人能感受到你的亲切感；

2. 位置：不要让老人抬起头或远距离跟你说话，那样老人会感觉你高高在上和难以亲近，应该近距离弯下腰去与老人交谈，老人才会觉得与你平等和你重视他；

3. 用心交流：你的眼睛要注视对方眼睛，你的视线不要游走不定，让老人觉得你不关注他，同性间可以摸着对方的手交谈；

4. 语言：说话的速度要相对慢些，语调要适中，有些老人耳聋(弱听)，则须大声点，但还要看对方表情和反应，去判断对方需要；

5. 了解情况：要了解老人的脾气、喜好，可以事先打听或在日后的相互接触中慢慢了解；

6. 话题选择：要选择老人喜爱的话题，如家乡、亲人、年青时的事、电视节目等，避免提及老人不喜欢的话题，也可以先多说一下自己，让老人信任你后再展开别的话题；

7. 真诚的赞赏：人都渴望自己被肯定，老人家就像小朋友一样，喜欢表扬、夸奖，所以你要真诚、慷慨地多赞美他，他就高兴，那谈话的气氛就会活跃很多；

8. 应变能力：万一有事谈得不如意或老人情绪有变时，尽量不要劝说，先用手轻拍对方的手或肩膀作安慰，稳定情绪，然后尽快扯开话题；

9. 有耐心：老人家一般都比较唠叨，一点点事可以说很久，你不要表现出任何的不耐烦，要耐心地去倾听老人的话……

10. 不要随便给老人吃你带去的东西：因为糖尿病人要低糖，肾病和高血压患者要控制盐等。

谈话禁忌

一忌:谈及不了解的话题。

二忌:谈及让对方不愉快的事。例如:疾病、死亡、痛苦等,要避开敏感、隐私的区域。

三忌:话题过于专业、深奥。在社交场合,人们的兴趣、知识水平、结构不一样,要选择大家都喜欢的话题。

四忌:令人扫兴的话题。不管是对方的还是自己的,谈多了都让人感觉不舒服。

五忌:自我吹嘘。很多人自我感觉良好,这与人们通常以自我为中心的心态有关。

六忌:话题格调低下。话题层次太高不行,而层次太低也是不行的。

七忌:贬损、议论别人。以贬低别人为话题,是低下的宣泄方式。

八忌:多说"你"少说"我"。苏格拉底认为:"不要老说'我想',而是多询问对方'你认为如何?'"。反之,有问题的时候"我"承担,例如:"我解释清楚没有?"而不只是"你听明白没有?"

九忌:东探西问他人的私事。切记:"男不问钱,女不问年"。

第四节　社区图书馆

因为资料齐全,没有人打扰,现在的图书馆成为很多市民喜欢的读书、学习场所。但在这样的环境中,仍然存在着大声接打电话、喧哗、撕毁图书、逾期不还等行为。读者们在享受各种资源的同时,也显露出对现代图书馆的陌生和礼节的欠缺。

图书馆是人类智慧的宝库,也是学习和交流知识、获取信息的场所。因此,要求读者在获取知识的同时,也应遵守图书馆的规章制度。在社区图书馆这样的场所,人人应该讲文明、讲礼貌,自觉地将自己的行为控制在礼仪的范围之内,才能使整个环境安定而有秩序。

在图书馆,每本书上似乎都写着"静"字;一个"静"字,常作为忠告,镶贴在阅览室的墙上,凝练地提示着在图书馆应遵守的礼仪。因此,在图书馆更要注意时时处处讲究社交礼仪。

不和谐情景1　接打电话有点吵

"上周我在看书时,身边一个人不停地接电话,说话声音还特别大,弄得我根本没办法静下心来看书。后来还是工作人员过来提醒了他,他说话的声音才小了一些。"

提示:接打电话对周围的读者会产生很大影响,图书馆内在显著位置标注有禁止接打电话的图示。进入图书馆后,要把手机等通信设备调整为振动状态,以免来电铃声影响其他读者阅读。如果需要接打电话,可以到阅览室外的区域进行,接打电话时声音要轻,不要大声喧哗。

不和谐情景2　有说有笑有点闹

大家都在认真地看书、做笔记。两位读者却肆无忌惮地对书中一部分内容有说有笑地讨论起来。周围读者纷纷对他俩投来厌恶的目光。这时,一位60来岁的老人走过去提醒说:"要讨论,声音也小一点,你们这样太影响别人了。"两人不好意思地点点头,收敛了很多。但没过多久,这两位读者的声音又高了起来,周围读者只有摇头、叹气。

提示:在图书馆内,如果遇到必须要交流的问题时,谈话要短,声音要轻。在不影响其他读者的情况下,可适当进行讨论。同时,要善于使用肢体语言。在图书馆阅览区域内,如果见到熟人,招呼时只需要招手或者点头微笑致意,不要大声呼喊对方的名字。阅读过程中不要和熟人高声谈笑,在图书馆内,力争少说话;阅读书报杂志时,不要发出声音。

不和谐情景3　高跟鞋声有点响

"当时我穿着高跟鞋,走起路来嗒、嗒、嗒作响,在安静的图书馆里显得特别响，周围的人都在看我。以后再去图书馆，我先要检查自己的穿着是否合适。”

提示：图书馆、阅览室是公共学习的场所，在这里看书需要特别讲究文明礼貌。进入图书馆要注意衣着整洁，不要穿拖鞋、背心、运动短裤。如果穿着硬底钉有铁掌的皮鞋进入图书馆时，要尽量放轻脚步，以免影响他人。

女士尽量不要佩戴会发出很大声响的首饰，也不要喷过浓的香水。进入图书馆后就座时，移动椅子要轻，不要为朋友占座。

不和谐情景4　带包入馆不肯先存

“您好，请您将包存在旁边带锁的储物柜中。”当图书馆工作人员提醒一位读者存包时，读者盯着工作人员看了看说：“你以为我要偷书啊？把包存起来了，我的手机往哪放？你们的柜子安全吗？”

在工作人员的劝说下，读者把包存进了柜子，却满脸的不高兴。

提示：不让读者带包进入，在为保护书籍考虑的同时，也是为了尊重读者。有的读者在包里装着从书店买的书，进出阅览区域时，检验设备会发出滴的声响。遇到这种情况，就需要读者配合进行开包检查，这时读者通常会特别生气。除了不能带包袋进入之外，也不要带饮料、零食等进入阅览室。

不和谐情景5　毁书涂鸦好可惜

“漫画书、刊登电视剧剧照的杂志破损率最高，不少书页上粘着泡泡糖，零食包装袋塞在书架里，干脆面的调料撒在书中的现象比比皆是。”

提示：翻阅图书时，不要往书本上画线，不要折角，更不能撕页。看书以前最好能洗一洗手，以保持书的清洁。图书要轻拿、轻翻、轻放。不能因自己需要某种资料而损坏图书，私自剪裁图书。遇到有价值的资料，应与管理人员联系，复印或照相。

莎士比亚说过，书籍是全世界的营养品。生活里没有书籍，就好像没有阳光；智慧里没有书籍，就好像鸟儿没有翅膀。莎翁的说法充分体现了书籍对于人类的重要作用，那么图书馆这个储存着人类营养品的地方就是神圣的知识殿堂，是承载人们登上知识高峰的阶梯。

在图书馆等汲取科学文化知识的公共场所，尤其要讲究礼仪规范。进馆、存包、取书、就坐、阅读……每一个步骤，每一个细节都能体现出一个人的文化知识素养。

高跟鞋的“嗒嗒”声、手机铃声、与朋友的谈话声、拖动座椅时发出的声音……每一个您没有留意到的细节，都可能破坏图书馆的宁静与和谐，更不要说那些故意毁坏书籍的行为对图书馆和其他读者造成的伤害了。

进入图书馆，柔和的灯光、丰富的藏书、安静的环境，都可以让人平心静气地专注于书籍，默默地汲取知识。人们来到图书馆，就是想要在这幽雅、安静的环境中充实自己。既然大家都有着同样的心愿，那么在图书馆阅读时，就要注意言行、注重细节，做一名受人喜爱的文明读者。

首先，读者上图书馆学习应衣着整洁，进图书馆前应自觉关闭手机，不能穿背心、拖鞋进图书馆，要自觉遵守图书馆的规章制度，爱护图书馆的设施，保持环境安静和清洁卫生，严禁吸烟。

进入图书馆时，要遵守规矩，在阅览室走路要轻，入座、起身要轻，翻书要轻。借书、查资料不但要遵守借阅规则，更要小心别弄出大的声响。读者在图书馆学习要讲文明，讲礼貌，不要抢占座位，为自己或为他人划地盘。图书馆是公共学习场所，有空位人皆可坐，但欲坐在别人旁边的空位时，应有礼貌地询问其旁边是否有人。

在图书馆借还图书、进行电脑检索、课题查询、复印，或在语音室听录音，在影像室看录像等，要按顺序排队。

确实需要与人交流也应该简洁明快、轻言轻语，并且内容要与学习有关,无关紧要的闲话留到出去后再说。若需长时间讨论,应到室外交谈。

在图书馆学习和阅览图书、报刊时,应自觉爱护图书馆的公共设施和图书、报刊。阅览时不在图书、报刊上涂画或在图书、报刊上开“天窗”。查阅资料时,若遇到自己解决不了的问题,可以有礼貌地向图书馆咨询人员请教。

在社区图书馆里的交际礼仪

1. 在图书馆看书或查找资料,要遵守阅览规则,保持室内安静。不要在这里大声说话,或在座位上交谈,以免影响他人学习,打断思考者的思路。需要在这里学习一天,又自备了午餐的,可以到餐厅休息室或目录厅里去吃,不要在阅览室里大吃大嚼,以免破坏那里的气氛,同时对周围的读者也不礼貌。

2. 图书馆的综合阅览室里读者较多。早来的人不应该给晚来或有可能不来的人占座位。即使阅览室内人很少,也不能利用空座位躺卧休息。

3. 借阅图书时,要看清注意事项和索书条上的要求,然后填写索书单。递交索书单后要耐心等一会儿,不要站在出纳台前催促,以免影响工作人员的工作。

4. 图书是历史的档案,知识的载体,有图书存在,一切就有源可寻,所以爱护图书十分重要。不少人看书时有折角、在书上画重点号或其他标记的习惯,但对图书馆的书可不能这样。至于有意把自己需要的资料、图片撕下来或“开天窗”则更为恶劣。图书馆里的图书是为全社会服务的,毁坏图书的不道德行为一向受到人们的强烈谴责。一旦发生这种事情,工作人员就要严肃处理。轻则批评教育,重则加倍赔偿。如果是珍贵书刊字画,还要依法从严处理。需要资料可与工作人员接洽,图书馆一般都备有静电复印和照像复制业务为读者服务。

5. 要遵守阅览规则,不要利用图书馆安静、舒适的条件在那里谈情说爱。

人和人的恰当距离

人人都有自己的个体空间,通常是不容侵犯的。例如,一辆公共汽车中,稀稀疏疏坐着几位乘客,但有一个人偏向你挤过来,你会觉得不愉快,甚至提出抗议。原本你坐的就是两人的位置,他人来坐也是顺理成章的事,但你为什么反感呢?理由就在于对方侵犯了你的个人空间。假如这人是你的朋友,那就另当别论了。

个人空间可分为以下四个区域。

1. 亲密区距离:4.5 厘米以下。这是亲爱者、莫逆之交能够进入的空间。处于此空间的双方,能够相互接触,说话可以轻声细语。

2. 熟人区距离:4.5 厘米—12 厘米。这是关系融洽的邻居、老同学、师生间能够进入的空间。彼此非常熟悉和了解,有话可说,可较少涉及个人的情感问题。

3. 社交区距离:12 厘米—36 厘米。此空间的人相互认识,但不熟悉。他们相聚,总有这样那样的原因,然后就各奔东西。他们的交谈,也是公事公办的性质。

4. 演说区距离:36 厘米以上,这是属于演讲和做报告时的空间。

人际空间,表现着关系的不同亲疏程度。运用观察对方和你相处的距离,能够获得他/她在感情上对你的亲疏程度。

假设你想与对方发展友谊,就要坐得离对方近一些,对方则通过两人间的空间距离变化来感受到你的用意。

第五节 社区交际礼仪须知

狗粪要即时清理；

生活垃圾不要乱丢；

爱惜公共设施；

乘电梯要守秩序；

不乱丢乱吐；

不粗言秽语；

不破坏绿化；

不损坏公物；

不乱贴乱画；

不乱停乱放；

不乱摆乱卖；

不污染河流；

不乱搭乱盖。

社区是社会的最基础单位，社区文明的养成对全民的文明养成有着巨大的贡献。中华民族是文明礼仪之邦，具有悠久的历史。随着时代的发展、对外开放的实行，文明礼仪的内涵也在不断拓展。

礼仪是公共生活中通用性最强的行为准则。公共生活礼仪是社会成员彼此表示敬重和友好的共同规范。它是以他人作为行为的出发点和归宿，涵盖了人与人、人与社会、人与自然的关系，包括遵守公共交往礼仪规范、遵守公共场合礼仪规范、遵守公共环境礼仪规范等。

公共生活礼仪是人类社会文明发展的产物，是一个民族精神面貌和凝聚力的体现，是一个人道德水准和修养素质的重要标志。市民应从现在做起，自觉培养，逐步养成，使公共生活礼仪内化为自己的品格素养和自觉行为，为国家、民族的发展尽自己的一份绵薄之力。

礼仪，也是现代社会人际交往中必不可少的润滑剂和联系纽带。社交礼仪是人们在社会交往中彼此表示敬重和友好的行为规范以及实现这些规范的礼节、仪式等常用形式。它包括社会交往的仪表服饰、社会交际的言谈举止、日常交际的形式和礼节等。

社交礼仪坚持尊重他人、真诚待人、区别对待、适应有度、恪守信用、文明礼貌、自律遵守等原则，坚持遵时守约、把握界域、女士优先、礼尚往来，把握社会交往的审美艺术、展示社会公德的水平，营造社会和谐的规范，真正使他人感到舒适。

作为社区这一大家庭中的一分子，社区居民应当自觉培养对社区的忠诚度、责任感和使命感。要树立以社区为“家”的意识，要以热爱小家的态度和热情，来维护社区的团结、稳定与和睦，自觉遵守社区的规章制度。

邻里之间难免会有摩擦，如何让社区更和谐更温暖？其实需要你我他共同的努力，以下这些社区礼仪不可不学。

提问一：装修噪音扰民怎么办？

吴先生和温小姐婚后搬进了新居，住了一年多，小日子过得挺舒服的。但半个月前，楼上的住户突然开始装修了，剧烈的装修噪音吵得他们没法休息。吴先生跑到楼上一问才知，原来楼上的住户高先生一年前买的房子，拖到现在才开始装修。每次吴、温夫妇下班回来，楼上的噪音仍是让人忍无可忍，吴先生和温小姐分别上去交涉过几次，每次高先生都是接连地道歉，并表示一定注意尽量减少噪音，但装修还要持续一个月左右。他们想问：搬新家装修是避免不了的，但怎样做才能既不伤和气又能把问题解决呢？

案例分析：

噪音污染也是破坏公共空间的表现之一。当然房屋装修不可能不产生噪声，因此，房屋装修当事人要尽量避免过度地由此干扰邻里的正常生活。按有关规定,房屋装修只能在正常的上班时间内进行,上班前和下班后必须停止房屋装修。因此,作为当事人应该在装修之前就排出装修工期,尽量把有噪音的工程安排在上班时间集中完成;其次,当事人应该提前较长时间告知邻居装修事宜,特别是装修工期,这样就可以保证邻居们提前安排其生活作息时间。与此同时,物业管理部门也有责任协助房屋装修当事人合理安排工期,帮助减少噪音污染。

提问二:豢养宠物怎样杜绝动物随地大小便?

在社区居委会工作的刘大妈说出了自己工作中最大的一个难题,社区里经常能发现宠物的粪便,每个星期六她和社区其他居民清理草坪时,一不小心手上就要沾上这些粪便。刘大妈和居委会的一些热心人曾组织过几次义务清粪行动,但隔不了几天,社区里的很多角落又会出现新的宠物粪便。这下可把刘大妈难住了,她想问问别人,遇到这种情况处理时应该怎么运用礼仪的方式解决呢?

案例分析:

很多人从饲养宠物的过程中得到很多乐趣,但是世间万物就是这样,有得到就必须要付出,作为一名新型邻里关系中的成员必须知道对公共权利和公共环境的尊重和维护是新型社区最基本的礼仪素质要求。因此,宠物主人要自觉清除宠物的粪便,而不能等到其他人上门劝说才予以配合。

其次,作为管理部门和社区居委会等部门,应该加大宣传和教育力度,甚至于在小区的商店等出售一些清污工具等。在这一过程中,要注意方式方法,不妨请一些有宠物的社区礼仪标兵也加入到宣传的行列中,请他们在与其他宠物主人交谈中介绍清除粪便的工具、方法等,这样就可以在一种友好的气氛中提高宠物主人的礼仪修养,避免出现对立情绪和逆反心理。

提问三:规范停车自家车位被占怎么办?

张先生去年年初喜迁新居,还给自己的爱车购置了固定车位,但住进新家还不到一个月烦心的事就来了。一天张先生开车下班回家,刚开到楼底下就发现自己的车位被另一辆车占据了,张先生非常生气,只好把车停到了离家挺远的地方。可这一客气不要紧,过了两天,那辆车又停在了自己买来的车位上。张先生既恼火又为难,觉得都是一栋楼的邻居,为这事闹红脸也没必要,可自己不说出来,又觉得很憋屈。

请问在邻居们都互不相识的情况下遇到车位被占或者看不惯的行为,怎样运用礼仪把它处理好呢?

案例分析:

要处理好张先生遇到的尴尬和看到的不文明现象,首先要认识到建立一种沟通渠道对于不以直接联系为特征的新型邻里关系非常重要。邻居家很有可能不一定知道车位已经被张先生买下的事实,因此最好的办法之一是先写一张纸条说明车位有主的事实,希望对方配合让出车位,以后不要再占。把这张纸条夹在对方雨刮器下。如果经过这样,对方仍不予理睬,则应该通过物业,对该车主进行劝说。当然如果对方车主与张先生正好碰上,则不妨直接说明。切记,不管如何,不能忘记使用礼仪用语,其次抱着友善态度来处理这件事,可能效果会更好。

同样道理,小区汽车停位不规范问题也应该由物业通过宣传和教育,甚至包括设专人引导的方式,教育小区居民规范停车。

提问四:公共设备如何消除电梯间的尴尬?

现在很多小区都设有电梯,但在电梯里经常会遇到这样的问题:一些住户在上电梯之后,着急回家,根本不愿等后来的邻居;有的住户上电梯后,发现二十几层的按钮竟然都被一一按亮;而有时,电梯层层都停,可电梯开后外面却空无一人。应该怎样文明乘坐电梯呢?

案例分析：

在新型邻里关系中对公共权利、公共环境、公共设备、公共空间以及对他人时间的尊重是最起码的礼仪要求和规范。从长远来看，文明乘梯将会惠及每一个小区当中生活的人。

因此，小区的居民都应自觉维护乘梯规范，不乱按梯键，其次要教育孩子们不要以乱按梯键的方式玩耍。最后，管理和服务部门要对问题严重的电梯进行暗查暗访，找出乱按梯键、不文明乘梯的人员，并对其进行教育。

提问五：邻居杂物堵占过道怎样解决？

居民楼的走廊也是公共环境，但有些住户在门口的过道里堆放了不少杂物，挤占了通道，社区环境是大家维护的，请你讲讲这些公共区域应该怎样维护？

案例分析：

前面已经讲过，公共空间的尊重是新型小区居民最基本的礼仪规范要求。同时，住在新型小区的居民也应该意识到随着生活水平的提高，我们重复使用已经从家中清理出来的杂物的概率越来越低，而且，把杂物堆放在过道中严重影响视觉效果，妨碍通行，也会影响对当事者本人的各种社会评价。

提问六：社区环境如何让居民不再踩踏绿地？

一些小区精心修建了不少绿地，也竖立了“爱护青青生命，请勿踩踏绿地”的牌子。但过不了多久，草地还是被踩出不少新的“小径”。

“世上本无路，走的人多了就成了路。”可是绿地也是公共环境，小区居民应该怎样共同维护？

案例分析：

这个问题实际上有两个方面：一方面，在新型的社区环境中，要求我们每一个居民都尊重公共空间和环境。

另一方面，这对我们的管理和规划部门也提出一个“人性化规划”的要求，如果绿地上很多人通行并且已经踩出“小径”，就有可能说明这样的通行路径带来了某种便利，那么我们为什么不能把这条小径修成一条真正的人行小道？这样既保证了大家的通行，又美化了环境。

新型的社区关系中，邻里交往既有个性的张扬，又充分体现了其公共性。由于邻里关系中缺少血缘和亲缘的维系，因此，在公共空间的交往礼仪能直接显示出人对人的态度。

在社区有社区的礼仪，无论何种礼仪，基本要素是对他人权利的尊重，社区礼仪主要表现在公共空间里能够保障每个人的权利。社区的每个人都应该受到尊重而不是蔑视，应该受到保护而不是伤害，应该得到关爱而不是冷漠。能够意识到保障他人权利的重要性，就说明他领会到了社区礼仪的精髓。当然，如果能体现出更高层次的对他人的体贴入微的关爱，那就善莫大焉。礼仪的核心是尊重，最终目的是实现社会的和谐。社区礼仪同样需要相互尊重，事事能想想他人的感受，尊重他人的权利，社区也就一片祥和安宁。

新型社区关系七大特征

第一特征：由被动安排变为主动选择。过去的邻里关系多多少少是一种非主动的结果，而现在则是一种主动选择的结果。邻里之间在经济条件、知识结构等方面存在较大的共性，就为建立一种良性互动的邻里关系铺设搭建了一个很好的平台。

第二特征：由动态积极变为静态消极。动态积极的邻里关系表现为：邻里之间相互接触频繁、关系密切。静态消极的邻里关系则表现为邻里之间基本没有太多的走动，也不鼓励大家对邻里关系保持一种积极的态度。

第三特征:由直接接触变为间接联系。过去的邻里之间都有直接接触,但在新邻里关系中,邻里之间更多的是进行间接接触和联系。

第四特征:由背景简单变为背景复杂。过去大家往往都住在单位分配的房子或者是世家祖传的私房里。而现在不同职业、不同身份、不同单位甚至不同城市、国籍的人都成为邻里。

第五特征:由宣扬共性变为张扬个性。在过去人们通过抑制个性、强调共性的方式保证大家生活在一个相对平稳和固定的生活模式中;而在新邻里关系里,大家生活的空间相对变大,私密性增加,因此就有了个性张扬的可能。

第六特征:由靠社会公德维系变为靠法律、制度维系。旧的邻里关系中更体现道德的因素。但在新的邻里关系中,大家更多地依靠对规章制度和法律的遵守来维持。

第七特征:由情感波动变为利益损益。过去,情感的波动直接影响邻里关系。而在新的邻里关系中,由于没有太多直接的接触,因此,利益的损益对相互之间的关系影响最大。

最不受欢迎的行为

美国芝加哥大学的行为心理学家米哈里博士曾做过一项调查研究。他向三百多名大学生发出问卷,问他们什么行为最令人讨厌,以下是根据调查资料得出的八项最不受欢迎的行为。我们可以对照一下,自己是否有这些不足。

1. 经常向别人诉苦,包括个人健康问题、经济困难、工作情况等,但对别人的问题却从不感兴趣,不予关注。

2. 经常唠叨,只谈论一些琐碎的事情,或不断重复一些肤浅的见解及一些一无是处的空话。

3. 言语单调，喜怒不形于色，对任何事情都漠然处之无反应。

4. 态度过分严肃，不苟言笑，一派道貌岸然的样子。

5. 缺乏投入感，在任何社交场合中，悄然独立，既不参与别人的活动，亦不主动与人沟通。

6. 态度过激，或语气浮夸粗俗，满口俚语村言。

7. 过度以自我为中心，不断向人诉说自己的生活琐事，夸耀个人经历；或只谈自己感兴趣的事，从不理会别人的感受和反应。

8. 过度热衷取悦别人，花言巧语，博得别人的“好感”。

米哈里博士指出，任何人都会偶然变得令人感到厌烦，但如果是在任何情况下，都成为不受欢迎的人物，那一定有问题。如果你有三到四项和上边的情况相似，那在别人的心中，你可能就是一个难以接受的人物，你应该自我检查一下，并设法加以改变，以避免人际冲突的出现。

发问的技巧

什么时间发问，问什么，这在谈话里也是十分有讲究的。蹩脚的发问不但叫对方难堪、难答，甚至还会使得对方恼羞成怒，以为你有意与他/她过不去。

发问通常要注意以下几个方面：

1. 注意内容。不要提对方难于回答或是不能回答和不便回答的问题，例如超过对方的知识范围、学识水平的问题，这往往会被误认为是瞧不起人，或是有意考问，令其难堪。涉及隐私或者痛处的问题，会让对方恼羞成怒。还有探询对方的财产、工资、积蓄、有名望的亲朋，也是不适当的。

发问前要考虑到对方是否可以回答、愿意回答。假设不晓得对方到底愿不愿意回答、能否回答，就可以试一下。假如发觉对方躲躲闪闪，总想避开这个话题，或是脸色有所改变，那就快速收住这个话题；若相反，就可继续谈下去。

2. 注意方法。切忌查户口似的一问一答，使对方产生一种受审感，因而压抑了友善的气氛。

例如，你家里来了一位重庆的客人。如果你这样问："你是哪儿来的？"

对方回答："重庆。"

你又问："你家有几口人？"

"四口。"对方回答。

"你是坐火车来的？"你接着又问。

"是。"对方回答。

如此下去，恐怕你们的谈话也只能到此为止。你为什么不问他："在火车上都有怎样的新鲜事？"或"听说重庆的小吃很有名，能否给我介绍一下？"如此发问效果要好得多，因为它富于启发性，对方或许喜欢就此谈一番话。

不好的发问，如果可能产生不良反应，就要先打预防针，例如"我问你个问题，希望你不要生气！"发问前最好顺着对方的想法，就势反问。如此提问自然得体，不至于唐突冲撞，也免对方怀疑你提问的动机。

3. 注意时机。不要在对方谈话中途打断话题。打断对方的话不但欠礼貌，并且影响对方的思路，或是因你提问，让谈话方向发生了变化，就不便回复到原来的话题里，这种余兴未尽的感觉让人非常不好受。也不要在对方谈兴正浓的时候发问，以免扫人兴致。

发问时要选择在对方一段话结束、新一段话开始前的空当里。发话前宜有所暗示，使对方有所准备，并留给你时机。暗示安排在对方谈话将尽的前几秒。有经验的听众不难发觉，对方要结束一段谈话的时候，通常都有总结性语言，语速减慢，音调也慢慢地降低。

4. 注意对方的身份。每个人的职业、职务、年龄等都不一样，心理特点也就不一样。假设对方是长辈，要格外注意尊敬，发问方法要平缓。

假设对方是青年，青年人的自尊心强，但涉世经验不丰富。所以，对他们发问的时候，既要尊重他们，更要引导他们走向正确的方向。

chapter 5 >>

第五章 社区活动

第一节 社区活动策划

一、社区活动含义

社区活动是在社区内由不同主体策划组织的活动。(广义)

主体——社区管理者、社区居民、商家等；

客体———般居民与特殊居民；常驻居民与流动居民；

内容——不同标准分类。

社区活动是在社区内由社区工作者策划、发起、组织的由社区居民参与的、旨在丰富社区居民生活、提高社区居民素质、实现社区和谐的各种各类活动。(狭义)

二、社区活动功能

1. 满足需要

2. 引导塑造

(1)导向；(2)塑造；(3)规范；(4)凝聚。

3. 全面发展

(1)居民素质提高；(2)社区成员互动；(3)提高生活质量。

① 扶危济困活动，改善弱势群体；

② 广场节庆活动，居民广泛参与；

③ 改善体育设施，推动全民健身；

④ 开发休闲功能，满足居民需求。

4. 整合协调

(1) 协调关系,促进社区和谐;

(2) 整合资源,提高综合素质;

(3) 稳定社会,缓冲矛盾冲突。

三、社区活动原则

1. 公益性:坚持公益性,服务群众是社区活动的原则。坚持公益性,就是不以经济利益为目的,只要群众需要,就是社区活动努力的方向。

2. 群众性:社区活动要建立在广泛的群众基础上,既要有一定的代表性,主题鲜明,又要具有广泛的群众基础。

3. 娱乐性和低竞技性:娱乐性是社区群众文化活动不可缺少的重要因素,是吸引社区居民参与的明显的特征,也是推广普及社区文化的催化剂。活动低竞技性不仅给普及活动增添活力,而且还激励人们追求更高境界,从而增强活动的吸引力、感染力。

4. 连续性和稳定性:社区活动在时间上应具有连续性和稳定性。时间上的连续性,就是举办的社区活动项目有比较固定的频次;时间上的稳定性,就是社区活动项目有比较固定的时间。如果是想起来就玩一回,情绪不好就忘记了。或者闲时搞,忙时就不问了。那是很难把社区活动办好的。

四、社区活动类型

1. 按照性质划分:公益活动、商业促销活动、自娱自乐活动。

2. 按活动频率分:定期举办的大型活动(重大节日、主题宣传)、日常开展的经常性活动。

3. 从参与人群分:

(1) 全体居民参与的活动;

(2) 特定人群参加的活动:老年人、青少年、儿童、残疾人、矫正对象、优抚对象、救助对象、流动人口。

4. 从活动内容分：

(1) 社区文化活动

社区在环境文化、行为文化、制度文化与精神文化方面开展的社区活动，如庆典、书画展、演讲等。

(2) 社区体育活动

社区开展的以休闲、健身为目的的大众体育健身活动。

(3) 社区科普活动

社区开展的科学普及和宣传教育活动，包括健康咨询、科普讲座、科普图片展、节能环保、健康安全、交通安全、饮食卫生、预防疾病等科普知识。

(4) 社区教育活动

社区开展的学习、培训活动。

(5) 社区娱乐活动

社区开展的群众性娱乐活动。

五、社区活动特征

社区活动是一个地域性的，就地就近解决社会问题的综合服务过程，着眼于居民多层次、多样化的物质文化需求，特别是对居民最关心、最需要、通过努力又可以解决的问题及时提供服务，为社区居民排忧解难。

社区活动过程中要发挥政府、社区居委会、社会组织、驻区单位、企业及居民个人的作用。

1. 区位性

社区是按一定地域特征和居民群众划分的生活区域，呈现出一定的社区活动差异。

(1) 社区因行业结构不同，居民文化生活方式也会有所不同，如商业型社区、工业型社区、科技型社区、政治型社区、军事型社区、金融一条街等,便有各自的文化生活特点。

(2) 社区活动与社区机构及活动设施有关,如博物馆、图书馆、文化馆、电影院、舞厅、体育场馆、群众性活动广场、儿童游戏场等,这些设施的数量和使用情况,直接决定着社区活动的质量。

2. 多元性

(1) 从参与主体看:

涉及个人、家庭、邻里、朋友、单位、社区,层次较多;信仰、价值观、行为规范、历史传统、风俗习惯、生活方式、地方语言等差异较大;单位与单位、组织与组织、个人与个人、家庭与家庭之间,构成关系复杂。

(2) 从活动内容看:

涉及文化、体育、科普、教育、娱乐活动等领域的活动知识,也涉及儿童、青少年、老年人、妇女、残疾人、矫正对象、优抚对象、救助对象、家庭等社会工作知识。

3. 互动性

社区活动需要社区居民参与,社区活动互动性好,说明社区活动发挥了作用。

六、社区活动的基本程序

◆ 社区活动选题

1. 社区活动选题的原则

社区活动的选题既要适应社区社会、经济、人群、文化的发展现状,又要满足居民不同层次的需要。

(1) 结合社区居民需要,体现社区服务需要

——要强调先进性。社区活动内容要以新观念新规范为内核,体现先进活动的内在要求。社区活动需要特别重视学习型社区活动项目的培

育，产生“雁行效应”，带动社区活动品位的整体提高。

——要注重层次设定及其阶段性。由于社区的成员、职业、年龄、活动等要素结构不同，社区活动形式的层次也必然不同。要从现有社区活动层次出发，从社区人文精神、活动风尚等内在品质的角度，逐步提升社区活动目标。层次设定与提升的阶段性，是社区活动选题的基本原则。

——要考虑综合性。开展社区活动要结合家庭活动、企业活动、校园活动、军营文化活动的建设，结合社区管理与社区服务体系的建设，将共建共享作为社区活动开展的基础。

——要关注特殊性。社区内的特殊群体决定了社区活动形式和内容的特殊性。关注特殊性，就是要因地制宜，发挥优势，扩大社区活动的影响力，创造独特的社区活动形式，满足社区特殊人群的需要。

——要强调广泛参与性。社区活动应当以社区成员的广泛参与为前提。社区活动的开展也不是纸上谈兵，而是社区力量广泛动员、不断聚集、反复实践、逐步完善的创造过程。

(2) 贴近社区居民生活，各项活动特色鲜明

社区活动是形成社区认同感和社区归属感的主要途径，是形成社区吸引力、感染力、凝聚力和创造力的重要方法。

如何设置各具特色的活动项目，充分调动居民积极性，是开展社区活动的关键所在。

社区活动按照贴近社区、贴近居民、贴近生活的原则，精心筹划，力求提高群众活动的参与率。

2. 社区活动选题的范围

社区活动选题的范围非常广泛，可以根据社区活动的目的、性质、活动开展的时间频率、参与活动的主体、活动的内容等，确定社区活动的主

题和形式。

例如:社区广场文化活动、社区老年文化活动、社区文化共建活动。

◆ 社区活动招募

社区活动招募是指为了达到社区活动目的所进行的活动参与人员和活动项目的资源整合的过程。

社区人员招募是社区活动的重要组成部分。社区活动人员招募是指社区活动组织机构根据活动目的和要求,把符合活动特点、能力要求及其他特征的申请人吸引到社区活动中,以满足社区活动的人力资源的过程。招募流程为:

(1) 招募前准备

——人力资源分析。根据社区活动计划,对社区活动组织和管理过程中需要的人力资源和类型进行预测,确定人力资源需求清单。同时,估计可以胜任这些岗位的服务人员数量,可能的来源渠道,以便确认社区活动在组织和管理过程中人员的保障方式。

——工作分析。是指收集、分析和整理关于特定工作信息的一个系统性程序,工作分析要具体说明为了成功完成一项工作,每一个员工的工作内容、必要的工作条件和员工的资格。或者说,工作分析是给出工作说明和工作规范。工作说明,是指对工作任务、义务、责任关系等工作相关功能的摘要。工作规范是对潜在申请者应具备的工作知识、技术与能力的规定。

工作分析内容:

① 职责任务。工作分析要指明社区活动组织者和工作者所需承担的职责与任务。比如,社区活动组织者承担的社区活动人力、物力和财力的资源整合职责和具体任务。社区活动工作人员承担的策划、宣传等职责和具体任务。

② 方法。工作分析要明确社区活动组织者和工作者为了完成其职责和任务所需采用的方法。比如，要求社区活动组织者协调社区企业、机构，获得场地、资金支持的走访、调查和宣传方法。

③ 对职责结果的期待。比如，对预估这项职责结果的期待时，社区活动组织者和工作者可以通过预估了解社区活动组织的需求和问题，为社区活动提供依据。

④ 所需知识与技能。工作分析要求社区活动组织者和工作者为完成职责和任务所需具备的专业知识和专业技能。如社区活动策划等。

⑤ 人员特质。要求社区活动参与者具备良好的交流沟通能力、果敢能力、决策能力和服务能力以及对社会福利、社会工作相关问题关注的特质。

⑥ 工作环境。包括社区活动参与者在活动中的位置、工作量等。

一般可以通过访谈、问卷调查、直接观察及日志记录等方法收集与以上内容相关的信息供工作分析之用。

(2) 招募过程：拟订招募简章——发布招募信息——受理申请

(3) 招募后培训

① 社区活动甄选

社区活动甄选是指对社区活动方案进行的甄选，或者是对社区活动参与主体进行的甄选。

② 社区活动实施

社区活动实施是社区工作者开展社区活动的组织与管理过程。

(1) 社区活动策划

a. 社区策划就是对社区活动进行周密的构思与设计，进行主客体情况分析，全面安排各项资源的过程。

b. 成功的社区活动策划，其意义远远胜过活动本身。

c. 在进行社区活动策划时，首先应明确活动目的，进行活动定位；其次是选择活动形式，保证社区活动在内容和形式上均具有吸引力。

d. 社区策划包括活动主题策划、活动内容策划和活动形式策划。

(2) 社区活动方案设计

方案设计是针对方案策略选出的一个或者几个策略，再进行进一步细节设计。方案设计一般包括：

活动目的；活动内容；活动时间、日期、期限；活动地点；活动工作人员(包括志愿者)；活动受益人；活动工作技术、方法、知识；活动财源和预算；活动应变方案。

七、社区活动实务

社区活动的方法是指为达到社区活动目标，实施社区活动方案而采用的手段。其基本步骤包括计划、组织、控制。

1. 社区活动计划

社区活动计划是指活动组织者确定社区活动的工作目标与计划的活动过程，是社区活动的重要环节。

(1) 确定目标

社区活动目标必须服从整个社区活动方案的目标。应建立在调查研究、科研预测和科学论证的基础之上。目标的内容一般包括经常参加社区活动的人数，用于社区活动的经费数量，开展社区活动的场地设施数量，活动骨干的培养与发展，活动志愿者的来源和素质等，要求具体明确，切实可行。

(2) 制定工作计划

工作计划是目标的表达方式，是为实现目标所进行的具体设计和筹划。社区活动工作计划的主要内容一般包括指导思想，即根据党和政府的中心工作、社区各项活动的方针，提出社区工作重点和争取达到的总目标;目的要求,即根据指导思想总目标,提出具体的要求;具体措施、经费和物质保证等,是在预测和决策基础上,通过对各种决策反复分析而提出的具体计划方案,力求从实际出发,行之有效。

2. 社区活动组织

社区活动组织是指活动组织者落实计划、组织协调活动参与对象,逐步实现目标的活动过程。

具体包括建立健全组织机构,合理安排工作人员,即把现实目标所需要的人、财、物、时间和信息等进行合理配置并使之协调的运作;了解发现问题为调整计划提供依据;协调关系、信息沟通。有效地发挥组织职能,对实现目标起着决定性作用。

3. 社区活动控制

社区活动控制是指根据目标计划要求衡量计划完成情况,并以此为据调节参与对象的行为,以确保目标实现的活动过程。也就是运用一定的方法进行调控的过程,其基本操作过程是:建立标准——衡量实际成效——调控、纠正偏差——实现目标。

八、社区活动组织技巧

1. 社区活动组织技巧

在社区中组织社区活动,要能够调动社区居民,组织社会力量来解决社区问题、满足社区需求。而社区活动的组织工作可以分为组织建设和组织经营管理两个部分。

(1) 建立社区活动组织的技巧

建立社区工作可以细分为组织社区活动团体、建构社区活动组织和招募社区活动团体和人员。

社区活动团体的成员一般是非正式的,是以一定的共同兴趣为基础组成的团体;社区活动的组织一般是正式注册或登记的组织,或者是临时组建的活动机构;公开招募社区活动团体和人员,满足企业、学校、机构、社会和社区的双向需求。

① 社区活动团体建立的技巧。建立社区活动团体的过程是:先找到3—4位热心活动的社区居民,并聚集他们一起讨论社区事务;然后扩充团体成员人数到8—12位;设定一定的团体目标;再建立社区活动团体的结构,并通过民主方式分配任务,分工行事。

在建立社区活动团体的过程中,社区工作者的任务是促进社区热心居民愿意站出来,参与和投入社区事务。社会工作者特别要注意的是其辅导方式是非指令性的,不可以指挥和命令社区热心居民。

在建立社区活动团体的过程中,社区工作者必备的技巧主要有三类:一是接触社区居民的技巧,要尽量找机会接触社区人士,注意给人的印象,倾听和注意力集中;建立个人化接触;先让对方知道你是谁,再询问对方。

二是基本的人际关系技巧,如温暖、尊重、同情心、真诚和倾听等技巧。

三是引导社区团体成员互动的技巧,包括联系、阻止、设限;融合技巧(综合、摘要、分类化、重新结构等)、支持技巧、当面质询的技巧等。

② 建构社区活动组织的技巧。社区活动组织建立的程序:一是招募成员(个人、团体)。发起人要遵循我国社会团体、民办非企业单位登记和管理办法;二是订立组织章程。组织章程要有宗旨和任务;三是推选领导者成立理事会或董事会。要推选出各方所接受的人,并且自己也真心愿意投入领导的人,他们不是只要名分而不做事的人;四是设立执行部门或作业部门,即根据事业的性质、服务项目、服务对象等要素设立执行部门或作业部门;五是筹措经费。

在社区活动组织建立的过程中,社区工作者除了扮演指导者的角色

外,还要扮演组织者的角色。建立组织的技巧主要有:

一是应能指出社区现状的不足之处,不足应被确认,并引发和促成组织的发展,通过动员组织、计划和行动来回应社区的特殊问题;

二是社区组织必须有被多数人认同和接受的领导者、领头人;

三是社区组织必须拥有大家乐于接受的目标和工作程序;

四是社区组织所推动的方案应包括一些鼓励、激发的活动;

五是社区组织应该寻求和激发社区中存在的美好愿望。

(2) 组织经营管理技巧

社区组织建立以后,要让组织能够运作,就要对社区进行经营管理。社区组织在建立之初,保障组织运作和维持组织的技巧主要包括:①社区组织必须在组织之内、在社区组织之间建立有效的沟通途径;②社区组织应该去支持和加强能相互合作的团体;③社区组织在工作程序上可能破坏决策过程时,应有所弹性;④社区组织应该发展一种配合其社区现状的工作步调;⑤社区组织要培养有效的领导者;⑥社区组织应该在社区中培养其影响力。

组织经营管理的事务主要包括:①服务策划,包括策略规划和服务方案规划;②营销管理,包括服务产品的营销、社会使命和社会责任的营销、社会观念和价值的营销和组织;③财务管理,包括经费筹措、训练、编列预算、会计;④人力资源管理,包括专职人员、志愿者的招募、作用和工作分配、训练、报酬与奖惩;⑤研究和发展,包括服务方案的评估、新服务方案的开发、组织评估、组织变革等。

2. 社区活动宣传技巧

社区工作中常用的社区宣传技巧主要包括以下几个方面:

(1) 知识和资料的传播

社区工作者经常要向居民解释有关的法律、政策,以确保居民获得必要的资料来保障自己的权益。

例如对社区内的失业人员和贫困者,介绍我国的失业保险制度和最低生活保障制度;为老人和残疾者提供有关养老机构及康复机构的资料等。

(2) 居民骨干的培养

培养居民骨干是社区工作的一项重要任务。社区工作所提供的骨干训练,大都是以个别教授方式进行,根据居民骨干的情况和水平,设计训练内容。

(3) 社区居民的教育和动员

我国在过去的几十年建立了以街道和居委会为依托的基层动员网络,形成了“上情下达,下情上达”的运行体制,其在宣传和教育方面的高效率,也得到了普遍肯定。

社区工作者在动员群众的过程中,可以多利用家庭访问、个人影响及板报、教育讲座等形式,引导居民关心共同的问题,并思考解决问题的可行方法。

(4) 发展社区关系

社区关系主要是指社区工作者和居民组织与社区内政府部门、社会团体及有影响的人士(包括人民代表、政协委员、社会知名人士等)之间的互动联系。

建立良好的社区关系是持续的教育过程,应尽量使有关决策者能够体会居民的困难。

(5) 开展互助活动

在推动社区服务和社区建设的过程中,社区意识的培养教育、良好社会风气的营造、家庭照顾技巧的传授、志愿工作者的动员等工作,都需要运用社区教育的技巧和方法。

例如利用调查研究、家庭访问了解贫困家庭的生活状况,通过开展社区活动、展览、演讲、记者招待会、讲座等方式，提升这些家庭对自己权益的认识，建立表达自己困难的自信心，并使他们能够团结起来，彼此信任，互相帮助。

此外，也可以通过新闻媒介报道其生活的贫困状态，唤起社会公众的同情心，以获得一些物质方面的支持或志愿者的协助。为了鼓励社区居民参与互助行动，社会工作者应该掌握一些成功互助的典型案例，以便向有服务意向的居民说明互助的目标、可行性、方式和成效。

3. 社区活动策划技巧

社会工作者在社区中的主要任务是开展社会服务活动。所谓策划是指行动的路径与详细具体的做法。而策划行动的路径就是策略规划，其具体的做法分述如下。

(1) 策略规划

策略规划是达到目标的预定路径。策略规划的程序包括以下三个步骤：

第一步，先采取“头脑风暴”方法让规划小组成员提出各种想到的策略。小组成员中任何人表达意见、观点时，都不会被批判和嘲笑，与会人员每人都要提出意见，并尽情表达，鼓励“搭便车”，从其他人的看法中衍生出自己的新意见。

第二步，运用符合性、可接受性、可行性三个指标去评估上一阶段提出的每个策略，删除那些明显不可能的策略。

第三步，通过 SWOT 分析法逐一分析实践该策略的可能性，选出一个或几个策略。即通过对策略的优势、弱点、机会和缺陷分析，最后比较得出较好的策略。

(2) 方案计划

方案计划是针对策略规划选出的一个或几个策略，进行更细节更具体的方案设计。

方案计划的程序也是首先采取“头脑风暴”提出九项方案构成要素(6W+2H+1I)。

Why:代表方案的目的和目标

What:服务内容

When:时间、日期、期限

Where:地点

Who:工作人员(包括志愿者)

Whom:接受服务的对象

How:工作技术、方法、知识

How much:财源和预算

If then:应变方案,即如果发生临时状况,应该怎么办

然后采用符合性、可接受性、可行性三个指标逐一讨论每项要素,形成具体的方案计划书。

在创建社会主义和谐社会的过程中,社区活动作为社会主义精神文明建设的重要方式,极大地丰富了社区居民的业余文化生活。常见形式有文艺演出、英语角、集体锻炼、消夏晚会、小型运动会、演讲比赛、家庭小窍门展示、棋牌比赛、演讲比赛等等。

灵活转换话题

交谈里出现冷场,常常是一个话题结束了,而另一个话题又不能及时接上。此时灵活转换话题,以免冷场,也是交谈的一个关键技巧。当某一题材谈论已久、或是内容枯竭、或者对方不感兴趣、或是触及某些敏感话题的时候,就要懂得及时转换话题。

转换话题的方法有以下两种:

一是自然消失。在一个话题结束、保持短暂沉默时,双方能用喝茶、吃糖或是摆弄某件小玩意儿替代过去,但你还要努力地发掘适合此时此境谈论的新话题。

二是插新断旧。在交谈里,插入新的话题,打断旧的话题。运用此法,要注意方法,否则会使对方感到不快。即便你对正在进行的谈话毫无兴趣,或是它无助于解决你渴望解决的问题,但对方谈兴正浓,任意打断或是表示出不耐烦都是欠礼貌的。打断话题,通常是瞅准对方的某些话茬,做出进一步阐述,向你需求的方向展开,或是找出和对方类似的甚至是相反的话题做比较交谈。只要接过了话柄,谈话就灵活了,可以先继续对方的话题,接着随心所欲地把交谈引到你想要谈及的领域,这样的方法,既自然又不会伤害到对方。

要能做到交谈内容丰富,就得关注话题的积累。头脑中没有足够的新信息,没有自我的新观点、新见解,对社会、人生就没有自我的认识,自然寒暄以后就"默默不得语"了。所以,要多关心时事,多留意报刊杂志,多思考问题,才能使谈话新鲜,富有生气,充满着诱惑的魅力。

第二节　活动设计案例:认识社区

社区是社会成员聚居的重要场所,当今随着社会文明的进一步发展,社区日益凸显其特殊的功能,在宣传、教育、娱乐群众等方面起着至关重要的作用,社区逐渐成为人民群众精神活动的场所,社区的安定和团结是整个城市和谐发展的基础,确保了国家和社会的长治久安,可以说未来社会社区的作用将越来越大,因此社区工作对于国家和社会是重要的。

在推动社区工作的过程中,"活动"是一个重要的角色,不论是要了解社区、或是要凝结社区意识、甚至是改造社区环境,都可以通过"社区活动"来完成。"活动"的本质就是凝聚人,就是为了增加居民之间的感情,及居民对社区的了解和情感，因此从活动设计到执行的过程，应尽量鼓励居民提出想法、并参与执行。

然而在不同的社区及不同的社区发展阶段，需要不同的活动。以下将介绍认识社区地理环境的活动。

一、绘制社区地图

活动的举办方式，可以是以家户为单位参与，或是开放型，邀请所有居民参与。在活动正式开始之前，可以邀请居民先分享以下几件事情，作为引导，以免居民无所适从。但带领者应提醒自己，只要协助居民思考就可以，避免统一规定，以免压抑成员的创造力。

1. 对社区居民而言，所谓“我们的社区”指的是哪些范围？这样的分享将增进居民对社区的了解，也将逐渐形成一个大家所认同的社区地理环境。

2. 居民认为社区地图应包含哪些内容？

通常地图的内容包含：自然环境、街道及名称、重要建筑物、区域界线、行政单位所在地等，这些是居民共同决议且参与社区地图绘制的最基本的内容。

3. 画地图需要的纸张大小及素材。

二、社区地理及环境特色调查

这个活动建议举行的方式为：居民自由找出心目中社区内的地理环境特色，并为其找出成为特色的理由。在引导居民参与活动的时候，尽量避免强调或是以居民惯以为的特色及原因为例子，因为如此一致性的思考，人们很快就会把特色讲完了，而且同质性会很高。因此，带领者应尝试引导居民从不同的角度创意思考，这个活动鼓励居民越另类会越有趣。

通过这个活动，居民对于社区中的特色，将会大开眼界，社区也可能因此而出现很多特色。而居民也可能通过这样的活动及分享，发现和欣赏自己所熟悉地方的不同角度。

如何安排一个社区活动日？

行动指引——

这个行动指引是针对社区活动的一种经验守则，各位社区工作的伙伴在设计筹划社区活动时，不妨试试。

一、选择大家认同的课题

1. 有共同参与构想的过程，才会有共同实施方案的决心。

2. 邀请学校、社会、商业团体、街坊邻居及政府官员等一起讨论。

3. 大家一起思考。

(1) 什么是我们的社区需要，而又是大家可以一起做的？

(2) 什么是做了以后效果很明显，大家马上会注意到的？

(3) 什么是可以让大家全程参与的？尽量设计大家真正需要的工作，让大家都有事做，否则有的人会认为他是多余的。

4. 把讨论的结果与没有来的人分享，也请他们提供意见。

二、推销拟定方案

1. 最好的推销是让那些将要实施方案的人参与方案的拟定。

2. 在开始前要与社区居民先沟通。

3. 大家一起思考。

(1) 方案完成后会是什么样子？（让参与策划的人说明）

(2) 方案对社区有什么好处？

(3) 如何进行方案，有什么应注意的，可用的资源？

(4) 有问题要找谁？

4. 为了工作的质量，大家要有责任感。

5. 清楚的分工。

6. 整个方案的完整构想。

三、预先准备好必需的材料

仔细地运用脑力激荡来想当天所需要的材料，知道那些东西要在哪里获得。

四、准备一张工作清单

1. 在工作清单上清楚记录。

(1) 时间怎样分配，什么时候开始？什么时候结束？

(2) 什么时候休息？

(3) 怎样支援工作小组？分配资源？

2. 设计一个有弹性的组织，可以接受新来的人或人员离开的变化。

3. 大家一起思考。

(1) 谁负责活动轻松活泼，让大家保持高昂的兴致？

(2) 怎样表现出这一天的成果？

(3) 如果一天没办法完成如何收场？

(4) 如何确保工作的延续性？谁组织和怎样的组织可以使参与活动的人兴致不减？

4. 庆祝一天的成就。用照片、唱歌、聚餐、仪式等来表现并反省一天的活动。

如何交到好朋友？

1. 对别人真正地感兴趣，没有一个人真正讨厌喜欢自己的人。

2. 把握一个重要的原则——微笑，这是你最有力的武器：它简单、容易、不花钱、永久使用。

3. 记住别人的名字，再响亮地叫出来，这是你对别人的重视。

4. 一个人最应该做的事情就是按照自己理解的生活方式进行生活，其次，一个人应该理解别人有按照他们的方式生活的权利。

5. 一般来说，女士要赞美一个男人，领导要赞美一个下级，其效果类同于重磅炸弹，代表着权威人士的意见。

6. 冷淡是因为一个人得到的赞美不够多，或者说是没有他料想的那么多。一个人得到了足够的赞美，他必定是随和的。

7. 批评一个人的技巧。批评一个人要对事不对人，批评不要指向不可更改的事实，如你们男人如何，你们上海人如何，同时，批评不要上升到人的基本素质。

8. 赞美一个人刚好相反，一般要上升到基本素质，才有成效。

9. 如何给自己找个台阶？在自己夸别人时，如果别人嘲讽、拒绝，则要学会接话，如果这次接不上，那么事后要反思一下。

10. 一个人由了解导致理解，由理解导致宽容，一个人宽容了，心情自然会放松。

附一：社区交际礼仪

1. 社区交际与活动文明礼仪

一、社区居民道德规范

（一）基本道德规范

爱国守法，明礼诚信，团结友善，勤俭自强，敬业奉献。

（二）树立"八荣八耻"社会主义荣辱观

以热爱祖国为荣，以危害祖国为耻；以服务人民为荣，以背离人民为耻；以崇尚科学为荣，以愚昧无知为耻；以辛勤劳动为荣，以好逸恶劳为耻；以团结互助为荣，以损人利己为耻；以诚实守信为荣，以见利忘义为耻；以遵纪守法为荣，以违法乱纪为耻；以艰苦奋斗为荣，以骄奢淫逸为耻。

（三）公民道德

社会公德：文明礼貌，助人为乐，爱护公物，保护环境，遵纪守法；

职业道德：爱岗敬业，诚实守信，办事公道，服务群众，奉献社会；

家庭美德：尊老爱幼，男女平等，夫妻和睦，勤俭持家，邻里团结。

二、社区居民守则

（一）社区精神

和谐包容，智慧诚信，务实创新。

（二）文明守则

1. 热爱祖国，热爱安顺，不失国格人格，不做不文明的事。

2. 文明礼貌，助人为乐，不说脏话，不损人利己。

3. 讲究卫生，仪表端庄，不随地吐痰，不乱扔污物。

4. 团结友爱，敬老爱幼，不打架斗殴，不闹邻里纠纷。

5. 爱护公物，保护环境，不损坏公共设施，不践踏花木。

6. 遵纪守法，维护公共秩序，不起哄闹事，不酗酒赌博。

7. 弘扬正气，见义勇为，不放纵坏人，不助长歪风邪气。

8. 计划生育，破除陋习，不看淫秽书刊录像，不奢办红白喜事。

三、社区文明礼仪规范

（一）促进邻里和谐

爱护环境就是爱护我们自己。居住环境是我们赖以生存的空间，一定要加倍爱护、保护、维护，坚决摒弃危害居住环境，有损身心的陋习，让我们的生活环境变得更加美好。

陋习一：随地吐痰，擤鼻涕、咳嗽、喷嚏不掩饰，不避人。

陋习二：乱扔果皮、纸屑等废弃污物，乱倒垃圾。

陋习三：在院落，楼道乱摆乱放、乱搭乱建，车辆乱泊乱停，挤占公共空间。

陋习四：乱贴乱挂，乱涂乱画，随意张贴。

注重邻里和谐

邻里之间共存共生于居住区域，朝夕相处，必须注意处理好邻里关系，维护彼此的安宁与和谐。第一，尽可能把方便让给别人。第二，互相谅解，礼让待邻。第三，为邻居着想，不干扰邻居的正常生活。

陋习一：随意往楼下泼污水，扔脏物，抛丢东西。

陋习二：在阳台外面晾晒衣物或拖把往下滴水。

陋习三:生活垃圾不及时处理,堆放邻居门前,乱摆乱放挤占通道。

陋习四:宠物扰民,不按规定圈养宠物,让宠物随地便溺又不及时清扫,甚至咬伤邻居。

陋习五:噪音扰民,深更半夜打麻将,放大音响唱卡拉OK,在别人休息时间装修房间等。

陋习六:小题大做,得理不饶人;小事争吵不休,甚至动手打架。

助弱济困

我们都是社会的人,都不能脱离他人的帮助而存在,也不能脱离他人的关心而生活,因此助弱济困,见义勇为,互帮互助是必须的,也是应该的。助弱济困的形式很多,可以是在日常生活中帮助别人,比如帮助路人、暂住人口、流动人口、外来务工人员等;也可以是经常参与公益事业,比如参加"希望工程",参加青年志愿者行动,支援灾区,为需要医疗救护、救助的贫弱者提供帮助等。

陋习一:见弱需助时视若无睹。

陋习二:各自打扫门前雪,莫管他人瓦上霜;见贫不扶,见困不济,见难不救,无视公益事业。

陋习三:见邪不正,见恶不止,见弱不助,见匪不报,丧失正义,怕"惹火烧身",避畏退缩甚至袖手旁观。

陋习四:见人难堪,幸灾乐祸。

(二)讲求家庭美德

家庭美德是每个公民应该遵循的行为准则,包括夫妻、长幼、婆媳乃至亲戚之间的关系。一要孝敬好老人;二要教养好子女;三要男女平等,夫妻和睦;四要处理好婆媳及亲戚关系;五要勤俭持家。

陋习一:虐待,遗弃老人,妇女和儿童,甚至上演家庭暴力。

陋习二:溺爱子女,纵容,偏袒子女。

陋习三:重男轻女,男尊女卑封建观念重。

陋习四:家务不理不问,摆大男子主义。

陋习五:气量狭小,习惯戴"有色眼镜"看人或"门缝里瞧人";经常搬弄家庭纠纷,闹婆媳矛盾。

陋习六:铺张浪费,盲目攀比高消费。

(三)维护社区环境

陋习一:沿街打麻将,斗"地主",铺"金花"。

陋习二:桥旁,街角,树荫下随地大小便。

陋习三:违章搭建,占道经营。

陋习四:临街洗漱,晾晒衣物拖把,泼倒污水污物。

陋习五:公共场所大声喧哗,嬉闹。

陋习六:公共区域"吞云吐雾"地吸烟。

陋习七:公共场所赤膊露膀,躺卧。

(四)居民个人日常文明礼仪基本规范

提高个人文明素养,克服和革除陋习,做一个受人欢迎和众人愿意结交的人。

陋习一:污言秽语,脏话连篇,语言粗俗。

陋习二:衣冠不整,仪容不洁。

陋习三:在公共场合及人前"打扫个人卫生",比如剔牙齿,挖鼻孔,掏耳屎,修指甲,搓手掌污垢等。

陋习四:就餐尤其在公共场合用餐时旁若无人,翻拣菜肴,狼吞虎咽,咀嚼失态,甚至唾沫四溅,吆五喝六,猜拳行令;或边走边吃。

陋习五:酗酒,过度饮酒,劝酒缺乏节制。

陋习六:饭前便后不洗手;手蘸唾液清点钱物。

陋习七:滥发黄色短信骚扰他人。

陋习八：拿起电话，就说“喂，说话！”“说！”“不知道！”“不在！”等之类的话，然后不等别人说完就挂断电话。

（五）注重文明用语

1. 文明礼貌十字用语

“您好”、“请”、“谢谢”、“对不起”、“再见”。

2. 见面语

“早上好”、“下午好”、“晚上好”、“您好”、“很高兴认识您”、“请多指教”、“请多关照”等等。

3. 感谢语

“谢谢”、“劳驾了”、“让您费心了”、“辛苦了”、“实在过意不去”、“拜托了”、“麻烦您”、“感谢您的帮助”等。

4. 致歉语

打扰对方或向对方致歉：“对不起”、“请原谅”、“很抱歉”、“请多包涵”、“实在不好意思”等。

接受对方致谢，致歉时：“别客气”、“不用谢”、“没关系”、“请不要放在心上”等。

5. 告别语

“再见”、“欢迎再来”、“祝您一路顺风”、“请再来”等。

四、公共场所文明礼仪规范

（一）爱护公物

公共场所必须讲公共道德，不讲公共道德的人，必然是遭人唾弃的人。公共场所是我们生存生活空间的延伸，自觉遵守和维护公共场所道德，会使我们的生活变得更加有秩序，更加和谐，更加快乐，更加美好，更加有意义，并增添我们幸福的内涵。

陋习一：践踏，毁损公物和设施，如草坪、绿地、花木、电话亭、邮箱、报栏、护栏、座椅、窨井、垃圾筒、管网及防火设施等。

陋习二:行人横穿马路,在车流中穿行,翻越交通隔离设施和护栏等。

陋习三:驾驶员缺乏驾车公德,如黄灯抢行,强行插队,超速行驶,乱停占道,遇行人不减速,开车打手机,狂按喇叭,会车开远光灯等;随意向车外吐痰、扔废物等。

陋习四:见老弱病残孕,不主动让座,当"睁眼瞎"。

陋习五:摩托车、电瓶车抢道,闯红灯,超速行驶甚至伤及行人。

陋习六:乱指路,误导问路人。

陋习七:擅自跨越"一米线"(在自动取款机,银行,机场安检口,邮政等场合)。

陋习八:排队不遵守秩序,插队冲抢。

陋习九:不讲公厕卫生,肆意溅洒,用完不冲水。

(二) 遵守路德车德

1. 行人礼仪

严守交通规则:行人走人行道,过街走斑马线,遵守交通秩序,不闯红灯,不抢道,不横穿,不翻越;行人之间要互相礼让:要主动给老、弱、病、残、孕和抱小孩的行人、小孩、负重者让路,尤其在交通拥挤或"狭路相逢"时要讲究秩序,不能冲撞,不能抢行;不宜多人并排行进,影响他人行走;撞人、踩到别人的脚时应说声"对不起";被撞被踩人则应说声"没关系",表现出宽容和克制的态度;忌边走边吃东西、抽烟等不文明行为;若彼此想多交谈一会儿,要靠边站立,不可站在路中间,以免妨碍交通。

2. 行车礼仪

各行其道,不闯红灯,遵守黄灯警示信号,不违章超速行驶,不强行超车、抢道,不酒后驾车,不疲劳驾驶,开车时不打电话、不吸烟。文明驾驶,礼貌行车,讲究公德,安全礼让,不挤靠行人。车内应自备垃圾袋,不向车外吐痰、抛物。经过积水洼或泥灰多的路面时注意减速，不溅污行人衣物。遇无红绿灯标识的路口，要减缓车速，让行人先过。

3. 乘客礼仪

自觉遵守维护乘坐秩序，举止文明，相互礼让。

在规定地点候车，依次排队购票，按顺序乘车，不强上强下。保持站内、车内环境卫生。不喧哗，不吸烟，不随地吐痰，不乱扔废弃物。爱护车站、车内设施，不蹬踏座椅，不乱写乱画，不损坏公物。不赤膊乘车，雨天乘车应脱掉雨衣。上车后不抢占座位，不把物品放到座位上替别人占座。遇到老弱病残孕及怀抱婴儿的乘客应主动让座。

4. 观众礼仪

自觉遵守影剧院、体育场规定，凭票按时按顺序入场，对号入座。如果自己的座位在中间应当有礼貌地向已就座者示意，请予通过；通过让座者时要与之正面相对，切勿让自己的臀部正对着人家的脸。应注意衣着整洁，举止文明；保持清洁卫生，不在场内吸烟，不随地吐痰和乱扔废弃物，不随便吃喝。

5. 顾客礼仪

维护店堂秩序，尊重员工劳动。文明礼貌购物，物款当面点清。爱护公共设施，保持清洁卫生。不带危险物品，共保店堂安全。依法维护权益，友善处理问题。遇到不良现象，敢于维护正义。

2. 社区文明礼仪培训

1. “八荣八耻”是谁在什么时间什么场合提出的？

答：胡锦涛总书记于 2006 年 3 月 4 日在看望政协代表时提出来的。

2. 正式场合入座时应该从左边还是右边入座？

答：从左边入座，离开时也要从左边离座。即左进左出。

3. 观赏音乐会应该注意哪些礼节？

答:(1)如果迟到,在场外静听,等到中场休息时,方可进入;(2)不可以中途退场;(3)要等一曲演奏完毕后方可鼓掌。

4. 递名片应该注意哪些礼仪？

答:(1)身份低的主动递给身份高的;(2)晚辈要主动递给长辈;(3)男士要主动递给女士;(4)下级主动递给上级。

5. 乘电梯应该注意哪些礼仪？

答:(1)先出后进;(2)面朝电梯口;(3)进了电梯尽量站成“凹”字形,方便乘客进出。

6. 如果是不认识的,应该怎样称呼？

答:(1)初次见面用“久仰”;(2)好久不见用“久违”。

7. 剪刀的刀和剪可以作为礼物送人吗？

答:不可以,意味着“一刀两断”。

8. 用餐时,刀和叉合拢放在盘中,表示什么？

答:用餐完毕。如果将刀和叉放在盘子两边成“八”字状,表示暂停用餐。

9. 过旋转门时,应该让女士先进吗？

答:不能。男同志先进,女士随后一格进入。起到尊重和保护女士的作用。

10. 男士可以将鞋、袜、内衣送给女士吗？

答:正常情况下,男士不可以送这些东西给女士,不仅是不尊重女士,还有对女性的侮辱。

11. 与客人同乘一辆车时,客人是坐在主人的左边还是右边？

答:客人坐在主人的右边。

12. 雨天乘车应该怎么坐？

答:先收掉雨具,脱下雨衣,伞尖一定要朝下,防止雨水淋到别人身上。

13. 骑车时遇到礼宾车队可以穿插吗?

答:不可以。维护本市的形象。

14. 女士可以戴着手套与别人握手吗?

答:可以。但是商谈时最好拿下。

15. 公民道德建设中的基本道德规范是什么?

答:(1)爱国守法;(2)明礼诚信;(3)团结友善;(4)勤俭自强;(5)敬业奉献。

16. 家庭美德建设中的主要内容是什么?

答:(1)尊老爱幼;(2)男女平等;(3)夫妻和睦;(4)勤俭持家;(5)邻里团结。

17. 社区工作人员应达到怎样的礼仪外表要求?

答:(1)整洁文明的外表;(2)得体大方的着装,并使自己的形象符合现代化的要求。

18. 什么是社区礼仪?

答:(1)社区自治组织:即社区居委会和业主委员会在治理社区、服务公众时应该讲究的礼仪规范;(2)广大社区居民对于社区自治组织的礼仪以及居民相互之间的礼仪。

19. 市民礼仪包括哪些内容?

答:(1)市民交际礼仪;(2)市民文明公约与守则,还包括各种职业道德规范的内容。

20. 奉茶的礼仪是什么?

答:(1)茶具应该是干净的,不要用破损的茶具,以示对客人的尊重;(2)奉茶的姿势要准确:人要站立着,身体略微向前倾斜,要双手捧着茶杯。右手拿杯,左手随着右手向前。不要从客人的正面送上去,应该从客人的右后方送上去,放在右前方。(3)杯中水倒满七八分即可,续水时要把茶杯从桌上拿起。

21. 奉茶的时机和顺序是什么?

答:客人入座后交谈前为奉茶的最好时机,顺序应该是:先宾客后主人,先女宾后男宾,先长辈后晚辈。

22. 喝茶应该注意哪些礼仪?

答:不管是主人还是客人都要小口饮茶,不应大口饮用,尤其不应发出"咕嘟咕嘟"的声音。对漂浮在茶杯上的茶叶可用杯盖轻轻拨开,或者用嘴轻轻吹开,切不可用手去捞,更不要将茶叶喝到嘴里后随地乱吐。(古时候,老是给客人加水表示催促客人赶快离开。)

23. 握手应该注意哪些礼仪?

答:(1)主动权:异性之间,主动权在女方;长幼之间,长者先伸手;上下级之间,上级先伸手;宾主之间,主动权在主人手里;宾客离开时,主动权在客人手里。(2)尽量不要戴手套,不能左右摇晃,注意不要用脏、湿的手去握客人的手,只打个招呼即可;很多人在场时,不要交叉握手;在和一位朋友握手时,不和另外的朋友寒暄。男士与女士握手,只能轻轻握一下女性的手指,时间 3 秒左右。

24. 餐桌上注意哪些不雅的动作?

答:(1)如果餐具不小心掉下来了,请您千万不要自己去捡,更不要自己用餐巾纸擦一下,而应请服务员再换一套;(2)吃东西时不要乱吐,吐痰时用纸巾包着,吃饭时千万别发出响声;(3)牙签的使用:牙签用完以后只要放在盘中即可;不要咬着牙签和别人说话;更不要咬着牙签到处乱跑；(4)女同志千万别在餐桌上补妆；不要用餐具指指点点。正规场合，男同志不要抽烟，可以在吃点心时上厕所抽。

25. 社区与辖区居民的关系是一种什么样的关系？

答：家和家人的关系。

26. 什么是社区意识？

答：社区居民对所在社区的认同感、归属感、责任感和参与感。

27. 请人批评应该用什么词语？

答：请人批评应该用“请教”；请人指点应该用“赐教”。

3. 社区文明礼仪知识竞赛题库

一、单项选择题

1. 礼仪的三大要素包括语言、行为表情和________。

A. 物质水平　　B. 服饰器物　　C. 历史传统

2. 俗话说“入乡随俗”，这反映出礼仪具有________的特点。

A. 时代性　　B. 延续性　　C. 民族性　　D. 共同性

3. 在礼仪的基本原则中，________的原则是礼仪的核心。

A. 宽容　　B. 真诚　　C. 尊重　　D. 自律

4. “人无礼则不生，事无礼则不成，国无礼则不宁。”出自________的这一名句论述了礼仪的重要性。

A.《论语》　　B.《荀子》　　C.《礼记》　　D.《大学》

5. 礼仪修养与人们的生活和事业发展密切相关，所以________说：“不学礼，无以立。”

A. 孔子　　B. 荀子　　C. 孟子　　D. 庄子

6. 在生活、工作中，当碰到意见不一致时，应________，或以豁达的胸怀包容异己或回避话题，总在公众场合为非原则性问题大声喧哗，争执打闹。

A. 得礼不饶人　B. 针锋相对　C. 保持冷静　D. 大打出手

7. 不管要求别人做什么，都应该________字当先。

A. 请　B. 谢　C. 嘿　D. 喂

8. 在餐桌上，取菜舀汤，应使用________。

A. 自己手中的筷匙　B. 自带的筷匙

C. 公筷公匙　D. 别人的筷匙

9. 吃饭时，当着客人的面应用________剔牙，并以手或手帕遮掩。

A. 叉子　B. 牙签　C. 手指　D. 筷子

10. 进餐时倘发现菜肴中有昆虫和碎石，应该________。

A. 自己悄悄处理掉　B. 愤然离席而去

C. 轻声告知侍者更换　D. 高声尖叫，告知在场人

11. 自助餐取菜顺序为________。

A. 汤，冷菜，热菜，点心，甜品，水果

B. 热菜，汤，冷菜，点心，甜品，水果

C. 汤，冷菜，点心，热菜，甜品，水果

D. 冷菜，汤，热菜，点心，甜品，水果

12. 餐厅的湿巾，只适宜用来________。

A. 擦手　B. 擦嘴　C. 擦汗　D. 都可以

13. 西餐席间谈话时，手中拿的刀、叉________。

A. 可不必放下　B. 应该放下

C. 可在空中比划　D. 让侍者拿着

14. 宴会上，为表示尊重，主宾的座位应________。

A. 在主人的右侧　B. 在主人的左侧　C. 随其所好

15. 请客人喝茶时,应用双手奉上茶杯,茶杯应放在客人________。

A. 左手前方　B. 右手前方　C. 手中　D. 任一地方

16. 在引领客人时,应走在客人________两三步处,随着客人的步子徐徐前进。

A. 右前方　B. 左前方　C. 右后方　D. 左后方

17. ________是国际社会公认的第一礼俗。

A. 绅士风度　B. 女士优先

C. 热情好客　D. 宽人律己

18. 在我国,如果两家有渊源较长的世代交情,一般用________来称谓。

A. 世交　B. 君子交　C. 忘年交　D. 患难之交

19. 在日常社交场合下,目光注视区间范围一般是________。这样易使对方感到轻松自然,从而创造良好的氛围。

A. 以两眼为上线,以下颌为下点所形成的倒三角区间

B. 以两眼为底线,以前额上端为顶点形成的三角区

C. 对方的眼睛,双唇和胸部

D. 对方的额头和头发

20. 正式场合,男士全身服装颜色,最好不要超过________种。

A. 二　B. 三　C. 四　D. 五

21. 穿西装时,应穿________。

A. 旅游鞋　B. 皮鞋　C. 布鞋　D. 凉鞋

22. 领带的下端应________。

A. 在皮带上缘处　B. 在皮带上下缘之间

C. 在皮带下缘处　D. 比皮带下缘略长一点

23. 年轻女性的短裙可短至膝盖上 3—6 厘米,但不能短至只有大腿根部到膝盖处的 1/2 长。中老年女性的短裙应以不短于膝盖下________

厘米为限。

A. 3 厘米　B. 5 厘米　C. 10 厘米　D. 15 厘米

24. 在离座时,应坚持________,站好再走,保持轻盈、稳重的体态。

A. 左入右出　B. 右入左出　C. 右入右出　D. 左入左出

25. 要处理好姑(叔)嫂关系,重点在________方面。

A. 嫂子　B. 小叔子　C. 小姑子　D. 都不是

26. 当你在别的单位看见正在升国旗,你应该________。

A. 装作没看见　B. 继续走动

C. 就地驻足行注目礼　D. 自便

27. 握手时,持续时间最佳为________秒。

A. 4　B. 5　C. 3　D. 6

28. 进行自我介绍的时间一般以________之内为宜,如对方有认识自己的愿望可继续介绍。

A. 4 分钟　B. 2 分钟　C. 3 分钟　D. 半分钟

29. 在介绍两个人认识时,正确的顺序应为:________。

A. 把男士介绍给女士,把上级介绍给下级

B. 把男士介绍给女士,把下级介绍给上级

C. 把女士介绍给男士,把上级介绍给下级

D. 把女士介绍给男士,把下级介绍给上级

30. 接受对方的礼物时,宜用双手接过来,并同时表示感谢;尽可能________将礼品包装拆封。

A. 当对方的面　B. 不要当对方的面

C. 当大家的面　D. 回到家里

31. 在参加宴请时,应等________坐定后,方可入座。

A. 主人　B. 长者　C. 女士　D. 小孩

32. 在接电话时，应迅速接听，不应让铃响超过________。

A. 一次　　B. 两次　　C. 三次　　D. 四次

33. 在会议室，影剧院等明显影响他人的环境下，应关机或将铃声调成________状态。

A. 最大　　B. 舒缓的铃声　　C. 静音　　D. 音乐加振动

34. 在门口送客礼时，最好让客人________再返回自己的工作岗位。

A. 出门后　　B. 转身后

C. 上车后　　D. 离开视线范围以外

35. 称赞别人的见解应该用________。

A. 赐教　　B. 高见　　C. 指教　　D. 久仰

36. 询问老人的年龄应该用________。

A. 贵庚　　B. 高寿　　C. 芳龄　　D. 几岁

37. 求人解答时应该用________。

A. 赐教　　B. 指教　　C. 请问　　D. 久仰

38. 初次见面应该用________。

A. 久仰　　B. 久违　　C. 关照　　D. 光临

39. 赠人书画时应该用________。

A. 惠书　　B. 惠存　　C. 笑纳　　D. 惠顾

40. 下列几种花中，最适合赠送给母亲的是________。

A. 玫瑰　　B. 月季　　C. 康乃馨　　D. 勿忘我

41. 下列礼仪种类划分不是按场合划分的是________。

A. 学校礼仪　　B. 家庭礼仪　　C. 办公室礼仪　　D. 公务员礼仪

42. 在旅游景区游览时，不文明的行为是________。

A. 爱护文物及公共设施　　B. 不随地吐痰，乱扔杂物

C. 在禁止拍照的地方偷偷拍照　　D. 不乱刻乱画

43. 我国公民道德规范中家庭美德的基本内容是:尊老爱幼,男女平等,夫妻和睦,勤俭持家,________。

A. 爱护公物　B. 邻里团结　C. 助人为乐　D. 明礼诚信

44. "老人节"也就是"重阳节",是________。

A. 每年5月的第二个星期日　B. 每年6月的第三个星期日

C. 每年农历九月初九　D. 每年阳历九月九日

45. 家中来了客人,在为客人奉茶时,应将茶水________。

A. 倒满茶杯　B. 倒五分满　C. 倒七分满　D. 倒八分满

46. 在正式场合,如果活动时间长了,女士应适当补妆,补妆应该在________进行。

A. 办公室　B. 洗手间　C. 公共场所　D. 家里

47. 对于不知道婚否的妇女,初次见面时应称呼她为________。

A. 美女　B. 女士　C. 夫人　D. 小姐

48. 交换名片时,应该________。

A. 将名片正面朝向接受方　B. 左手单手接受

C. 接过后随手放在桌上　D. 右手单手接受

49. 市民出行可搭乘的车辆有________。

A. 无牌无证的车辆　B. 超载的客车

C. 农用车或拖拉机　D. 残疾人三轮车

50. 在观看比赛时,如果观众认为裁判不公,应该________。

A. 理性克制对待　B. 当场向裁判抗议,要求改判

C. 立刻呼喊运动员或教练员与裁判交涉

51. 一般说来,上下级或长辈与晚辈之间通话时,应由________先挂断电话。

A. 上级或长辈　B. 下级或晚辈　C. 拨叫方　D. 主叫方

52. 如果要对客户进行拜访,一般情况下,时间以________最佳。

A. 上午10:30　　B. 上午08:30

C. 中午12:30　　D. 下午14:30

53. 国际交往中,涉及位置的排列,讲究________原则。

A. 左尊右卑　　B. 右尊左卑

C. 不同场合不同尊卑　　D. 没有规定

54. 谈话的姿势反映一个人的修养和文明素质,下列谈话姿势合乎仪态举止的是________。

A. 一人独白,侃侃而谈

B. 心不在焉,傲慢无礼

C. 东张西望,看书看报,面带倦容,哈欠连天

D. 双方要互相正视,互相倾听

55. 旅游途中,有陌生人问路但你也不太清楚时,你应该________。

A. 不予理睬　　B. 摇头

C. 让他问别人　　D. 友善热情对待,并向他道歉

56. 浏览景区时,不正确的行为是________。

A. 不在"禁止入内"的草坪、鲜花丛中走动或留影

B. 不在文物古迹上乱刻乱画

C. 爬上景观拍照,以留下美好回忆

D. 在游览区野餐时,将废弃物扔进垃圾箱

57. 参加涉外自助餐时,取用食物的得体方式是________。

A. 按凉菜、热菜、点心和水果的顺序分盘取用

B. 为减少取菜次数,应尽量把各种菜品装在同一个盘里

C. 一次多取用几盘菜品,搁在餐桌上以方便别人同时享用

58. 欢迎政府首脑时,鸣礼炮________。

A. 19响　　B. 21响　　C. 24响　　D. 28响

59. 拒收他人赠送的礼品应________。

A. 态度坚决，婉言谢绝　　B. 礼品接受后退还

C. 可以拆启封口后再退还

60. 行握手礼时，礼貌的伸手方式是伸出右手________。

A. 手掌与地面垂直　　B. 掌心向下倾斜

C. 随意

61. 女士随身携带的小手提包，在参加宴会就餐期间应________。

A. 放在背部与椅背之间　　B. 挂在自已椅子的靠背上

C. 挂在衣架上

62. 在饭店旅馆住宿时，不应穿________出现在公共场所。

A. 西装　　B. 休闲装　　C. 睡衣和拖鞋

63. 参加自助餐宴请，再次取菜时应做到________。

A. 为减少服务员麻烦，应继续使用刚刚用过的餐盘

B. 换个座位，更换全套餐具

C. 不使用已经用过的餐盘，使用新的餐盘

64. 以下哪种使用手机短信的做法是不礼貌的。________

A. 在与人谈话时不停地查看或编发短信

B. 在内容后面署名

C. 尽量使用清楚明白的语言，不随意简化省略

65. 登门拜访他人时，以下哪种做法是正确的。________

A. 未经主人邀请或许可，不进入卧室

B. 入座之后不能走动

C. 主动参观主人家里的摆设，自由进入各个房间

66. 在国际交往场合，与人交谈应避免打听哪些情况。________

A. 对方的工作单位

B. 对方的个人收入

C. 对方的个人爱好

67. 下列做法中，哪一种违背交通安全常识。________

A. 行人过道路先看左后看右

B. 行人横过道路时，要走人行横道线

C. 行人在路沿或隔离墩上蹲坐

D. 行人翻越隔离设施

68. 下列说法不符合安全出行常识的是________。

A. 长列队伍在必要时可以分段通过人行横道

B. 乘客可以在紧急时刻自行开车门上车、下车

C. 行人不能在行车道上招停车辆

D. 乘车时头和手不能伸出窗外

69. 不符合行人礼仪要求的是________。

A. 按照交通指示灯和标志、标线行走

B. 多人并行应主动避让他人

C. 无机动车行驶时可翻越交通隔离护栏

D. 应当请年长者、女士和未成年人走在离机动车道较远的内侧

70. 行人横过马路时，________。

A. 不能闯红灯，绿灯亮时在斑马线通过

B. 可以不走斑马线

C. 在绿灯亮之前抓紧通过

71. 当一对男女并行走在人行道上时，通常男子应该走在________。

A. 女士前面　　B. 女士后面

C. 靠马路一侧　　D. 靠人行道一侧

72. 乘扶梯时，应靠________侧站立，另一侧为有急事赶路的人空出通道。

A. 右　B. 左　C. 中　D. 任意

73. 乘坐由专职司机驾驶的五人座小轿车时，最尊贵的座位应当是________。

A. 前排右座　B. 后排左座　C. 后排中间座　D. 后排右座

74. 在我国，由专职司机驾驶的专车(小轿车)，其安全的位置是________。

A. 副驾驶座　B. 后排右座　C. 后排左座　D. 前排右座

75. 与客人并排行进时(三人或三人以上)，________位置的人级别最高；与客人单列行进时，一般应让客人走在前面。

A. 中央　B. 内侧　C. 外侧　D. 两侧

76. 出入有人控制的电梯，陪同者应________。

A. 后进后出　B. 先进先出　C. 后进先出　D. 先进后出

77. 进入无人操控电梯，陪同人员应该________。

A. 请客人先进入并操控电梯

B. 自己先进入并操控电梯

C. 谁方便谁先进入电梯

78. 乘坐自动扶梯时，应站立在什么位置________。

A. 靠左边站立　B. 在中间站立　C. 靠右边站立

79. 骑车进出有人值守的大门，正确的做法应该是：________。

A. 不下车，快速通过　B. 不下车，减速骑行

C. 下车推行，以示尊重

80. 交通路口红灯亮时，骑自行车者________。

A. 如横向无其他车辆通行时，可以尽快通过

B. 应在非机动车道的白线以内停车等候

C. 应立即停车，车辆可以越过白线

81. 乘坐公交车排队候车,应当:________。

A. 先下后上,依次上下车;不拥挤

B. 先上后下,依次上下车;不拥挤

C. 同时上下

82. 小艳站在过街天桥上喝完牛奶后,随手把牛奶盒往桥下一扔,您认为这种行为________。

A. 不会影响市容市貌

B. 不会影响车辆通行

C. 会影响桥下通行车辆的行车安全

D. 不会造成严重的交通事故

83. 社会主义道德建设要坚持以________为核心。

A. 集体主义　　B. 人道主义　　C. 爱国主义

84. 要在全社会大力倡导________的基本道德规范。

A. 爱国守法,明礼诚信,团结友善,勤俭自强,敬业奉献

B. 爱国守法,诚实守信,团结友善,勤俭自强,无私奉献

C. 爱国守法,明礼诚信,团结互助,自立自强,敬业奉献

85. 要大力倡导以文明礼貌,助人为乐,爱护公物,保护环境,遵纪守法为主要内容的________,鼓励人们在社会上做一个好公民。

A. 社会公德　　B. 职业道德　　C. 家庭美德

86. 要大力倡导以爱岗敬业,诚实守信,办事公道,服务群众,奉献社会为主要内容的________,鼓励人们在工作中做一个好建设者。

A. 社会公德　　B. 职业道德　　C. 家庭美德

87. 要大力倡导以尊老爱幼,男女平等,夫妻和睦,勤俭持家,邻里团结为主要内容的________,鼓励人们在家庭里做一个好成员。

A. 社会公德　　B. 职业道德　　C. 家庭美德

88. 加强公民道德建设,共产党员和领导干部的________十分重要。

A. 监督保证　　B. 模范带头　　C. 宣传鼓励

89. 我国自2003年起,将每年的________定为“公民道德宣传日”。

A. 9月20日　　B. 9月10日　　C. 3月15日

90. 党的十七大提出,加强社会公德,职业道德,家庭美德,________建设。

A. 公民素质　　B. 个人修养　　C. 个人品德

91. 社会主义公民道德建设以________为着力点。

A. 爱祖国,爱人民,爱劳动,爱科学,爱社会主义

B. 为人民服务

C. 社会公德,职业道德,家庭美德

D. 集体主义

92. 职业道德的主要内容是________。

A. 尊老爱幼,男女平等,夫妻和睦,勤俭持家,邻里团结

B. 爱岗敬业,诚实守信,办事公道,服务群众,奉献社会

C. 文明礼貌,助人为乐,爱护公物,保护环境,遵纪守法

D. 爱国守法,明礼诚信,团结友爱,勤俭自强,敬业奉献

93. 人们接受道德教育最早的地方是________。

A. 幼儿园　　B. 小学　　C. 社会　　D. 家庭

94. 对捐款献骨髓等公益行为的正确态度是________。

A. 无所谓　　B. 积极参与　　C. 不支持

95. 加强社会主义思想道德建设,是发展先进文化的重要内容和中心环节。这句话是谁所说。________

A. 毛泽东　　B. 江泽民　　C. 胡锦涛　　D. 邓小平

96. 周恩来提出“说老实话,办老实事,________”。

A. 做老实人　　B. 做讲礼貌的人　　C. 做守纪律的人

97. 胡锦涛总书记强调，要在全社会大力弘扬________，倡导社会主义基本道德规范，促进社会主义良好社会风气的形成。

A. 爱国主义，集体主义，社会主义思想　B. 共产主义精神

C. 团结互助精神

98. 社会主义荣辱观是________的重要组成部分。

A. 科学发展观　B. 马克思主义历史观　C. 社会主义道德观

99. 道德是由一定的社会经济基础决定，并为其服务的________。

A. 政治制度　B. 传统习惯　C. 上层建筑

100. 社会主义道德建设是发展________的重要内容。

A. 先进生产力　B. 先进文化　C. 先进意识

101. 所谓公民道德，就是一个国家________公民都必须遵守和履行的道德规范的总和。

A. 所有　B. 部分　C. 绝大多数

102. 加强社会主义道德建设，首先要在马列主义、毛泽东思想、邓小平理论和江泽民________的重要思想指导下，建设有中国特色社会主义发展要求的道德。

A. “三个代表”　B. “两手抓”　C. “三个面向”

103. 从总体上判断一个社会的道德水平，主要应当依据这个社会居于主体地位的________。

A. 生产力水平　B. 科技水平

C. 道德体系的基本原则和主要行为规范

104. 要努力提高全民族道德素质，促进人的全面发展，培养一代又一代有________，有道德，有文化，有纪律的社会主义公民。

A. 信念　B. 理想　C. 信仰

105. 在“爱国守法，明礼诚信，团结友善，勤俭自强，敬业奉献”的二十字

公民基本道德规范中，首要的道德要求是________。

A. 诚信　　B. 爱国　　C. 勤俭

106. 敬业是道德规范在________行为中的表现。

A. 家庭　　B. 社会　　C. 职业

107. 坚持社会主义道德与社会主义市场经济相适应，要充分发挥社会主义市场经济机制的积极作用，不断增强人的自立意识，________意识，效率意识，民主法制意识和开拓创新精神。

A. 集体　　B. 竞争　　C. 合作

108. 公民道德建设要坚持尊重个人________和承担社会责任相统一。

A. 利益　　B. 权益　　C. 合法权益

109. 春秋战国时期，中国已形成较完备的行政伦理体系。当时________就提出了“为政以德”的主张。

A. 老子　　B. 孔子　　C. 孟子

110. 在社会主义社会中，________不仅是一种谋生的手段，而且是对祖国，对人民的义务，因而也是公民的神圣权利。

A. 教育　　B. 劳动　　C. 科技

111. ________是做人的基本准则，它要求人们真心诚意，光明磊落，开诚布公，讲信誉，重信用。

A. 实事求是　　B. 诚实守信　　C. 忠诚老实

112. 社会主义家庭美德的主要内容，包括尊老爱幼，男女平等，夫妻和睦，________，邻里团结。

A. 勤俭持家　　B. 和睦相处　　C. 互相帮助

113. ________是一切家庭伦理关系的起点，是家庭关系的轴心，其关系的好坏直接影响着整个家庭关系。

A. 父母子女关系　　B. 夫妻关系　　C. 兄弟姐妹关系

114. 每个家庭都居住在一定的社区里,因此,关心社区健康,积极参与社区活动,也是家庭美德中________的美德要求。

A. 邻里团结　　B. 社会环境　　C. 生活环境

115. 中国是文明古国,素有________的美称。讲文明,崇礼仪,已经成为我们民族的特色。

A. 丝绸之国　　B. 礼仪之邦　　C. 多民族之国

116. 明末清初的爱国将领________,1661 年率军进攻被荷兰殖民者占据的宝岛台湾,经过浴血奋战,于次年 2 月将台湾收回祖国。

A. 郑成功　　B. 戚继光　　C. 郑和

117. 拒绝塑料袋,拒用一次性筷子,是公民________在日常生活中的体现。

A. 节约资源意识　　B. 爱护生态意识　　C. 环境保护意识

118. ________是家庭美德的一项基本要求。"老吾老,以及人之老,幼吾幼,以及人之幼"正是这一道德规范的内容。

A. 孝敬老人　　B. 尊老爱幼　　C. 尊敬父母

119. 道之以政,齐之以刑,民免而无耻;道之以________,齐之以礼,有耻且格。(《论语》)

A. 政　　B. 德　　C. 刑

120. 身修而后家齐,家齐而后国治,国治而后天下平。自天子以至于庶人,壹是皆以________。(《大学》)

A. 齐家为本　　B. 治国为本　　C. 修身为本

121. 知人者智,________者明。(《老子》)

A. 自知　　B. 自省　　C. 自爱

122. 天行健,君子以________。地势坤,君子以厚德载物。(《周易》)

A. 生生不息　　B. 奋斗不息　　C. 自强不息

123. 勿以________小而为之,勿以________小而不为。(《三国志》)

A. 恶,善　　B. 善,恶　　C. 过,功

124. 历览前贤国与家,成由________败由奢。(李商隐)

A. 勤俭　　B. 刻苦　　C. 耐劳

125. 先天下之忧而忧,后天下之________。(范仲淹)

A. 乐而乐　　B. 利而利　　C. 义而义

126. 人生自古谁无死,留取________照汗青。(文天祥)

A. 诚心　　B. 忠心　　C. 丹心

127. 观看体育比赛时,________是不礼貌的。

A. 起哄,鼓倒掌　　B. 选手取得好成绩时热烈鼓掌

C. 尊重客队　　D. 按要求排队

128. 吃自助餐时注意不应该做的是________。

A. 取餐时遵守秩序。

B. 秉持“少量多次”原则,一次不要取太多,应当用完再取

C. 吃不完就打包外带

129. 游览公园时应当________。

A. 大声说话讨论,随手乱扔垃圾

B. 爱护花草树木,不随意踩踏草坪,不攀折花木

C. 在树木或建筑上刻上记号留念

130. 当主办方分发赠品时应当避免的行为是________。

A. 排队有序领取,不可插队,不可一拥而上

B. 领取赠品后,要表示感谢,并离开,不在分发地点逗留

C. 领完一份重新排队再领一份,多多益善

131. 到展馆参观,应当尊重知识产权,错误的做法是________。

A. 正版纪念品太贵,就买便宜的盗版

B. 当展馆明确要求不得照相、摄像时，应按展馆规定做

C. 发现涉及侵犯知识产权的情况，及时举报

132. 观看比赛节目时，应做到________。

A. 大声喧哗，影响他人

B. 提前入场，妥当入座

C. 衣着随意，迟到早退

133. 观展排队时不应该做的是________。

A. 先来后到，依次排队，依序而行

B. 保持适当间距，避免身体接触，无意碰触对方，应表示歉意

C. 因故要短暂离开就离开，回来原位也不用向后面的人表示什么

134. 观展时对待讲解员不应该做的是________。

A. 礼貌对待讲解员，尊重他们的劳动和付出

B. 专心听讲，不大声喧哗

C. 如有问题可以随意打断讲解员提问

135. 行人在横过道路时应注意观察道路上通行的车辆，您认为在横过道路时错误的行为是________。

A. 既不左看又不右看

B. 左看右看再左看

C. 左右观察，确定安全，快速通过

D. 一站二看三通过

136. 如何做到自觉观赏________。

A. 尽量保持安静，但可以在展馆内大声交谈

B. 不携带食物进入展厅，不在展馆内吸烟

C. 人多时不拥挤，可以不按顺序看，可以从观者和展品间穿过

137. 遇到人群拥挤的情况应该________。

女士坐在中间。

5. 在社交场合，遇到职位高的领导，可以上前主动找他握手。
6. 开车时，可以一边开车一边接听或者拨打电话。
7. 当路上没有什么行人时，红灯亮时，我们依然可以闯过去。
8. 正确的鼓掌姿势是保持上半身的正直，用左手掌心去拍右手掌心。
9. 当我们把戒指佩戴在我们的中指时，表示我们已经订婚或者结婚。
10. 求给方便的时候说打扰。
11. 驾驶机动车不允许有接打手机，吸烟，吃东西，闲谈等有碍交通安全的行为。
12. 您在小区内步行，经过停在路边的车辆时要注意预防车门突然打开。
13. 机动车和行人晚上通过黄灯闪烁的路口可以快速通过。
14. 就一个国家而言，车辆必须分左右行，行车方向或者靠左或者靠右。
15. 遇到危急情况，行人可以在车行道上招停车辆。
16. 王某驾驶轿车为朋友接新娘，在轿车前后号牌上贴上了“百年好合”的红纸，这种做法是合情合理合法的。
17. 刘先生驾驶的宝莱车与李小姐驾驶的奥拓车发生轻微剐蹭，由于他们对事故的事实和成因没有争议，因此他们可自行协商处理赔偿事宜。
18. 市民在大型活动举办期间应自觉减少不必要的出行，驾车上路行驶过程中自觉遵守管理措施，保障交通运行安全。
19. 驾驶汽车时吸烟不会影响交通安全。
20. 招待来宾时室内光线应该以人造光源为主，自然光源为辅。
21. 发展经济要刺激消费，公民道德建设却要我们勤俭节约，反差太大，不现实。
22. 见义勇为，助人为乐，对于公安民警来说，既是一种社会公德，也是一种纪律性要求。

23. “慎独”就是指善于独立思考。

24. 公民道德建设提倡人们要发扬风格,多作自我牺牲,不鼓励竞争。

25. 自助餐每次用餐的时间不宜长于两个小时。

三、简答题

1. 什么是文明城市?

答:文明城市是指在全面建设小康社会,推进社会主义现代化建设的新的发展阶段,坚持科学发展观,经济和社会各项事业全面进步,物质文明、政治文明与精神文明建设协调发展,精神文明建设取得显著成就,市民整体素质和文明程度较高的城市。

2. 创建文明城市要创建什么样的环境?

答:创建廉洁高效的政务环境,公正公平的法制环境,规范守信的市场环境,健康向上的人文环境,安居乐业的生活环境,可持续发展的生态环境以及开展扎实有效的创建活动。

3. 全国文明城市评选的依据是什么?

答:《全国文明城市测评体系》。

4. 创建文明城市工作的核心内容是什么?

答:大力提高市民文明素质。

5. 创建文明城市的知晓率和支持率分别是多少?

答:知晓率大于90%,支持率大于80%。

6. 文明市民标准(“六要六不要”)。

答:要爱护公物,不要践踏绿地,乱折花木和损坏公共设施;

要遵守公共秩序,不要在公共场所吸烟,高声喧哗,酗酒闹事影响他人;

要讲究卫生,不要乱吐乱扔,随地大小便;

要文明礼貌，不要说脏话粗话；

要遵守交通规则，不要乱闯红灯、乱穿马路和骑自行车搭人；

要崇尚科学，不要搞封建迷信，不参与邪教，自觉抵制“黄、赌、毒”。

7. “十大礼貌用语”是什么？

答：您好，欢迎，请，谢谢，对不起，没关系，失陪，再见，别客气，抱歉。

8. “六大文明交通行为”是什么？

答：机动车礼让斑马线，机动车按序排队通行，机动车有序停放，文明使用车灯，行人、非机动车各行其道，行人、非机动车过街遵守信号。

9. “六大交通陋习”是什么？

答：机动车随意变更车道，占用应急车道，开车打手机，不系安全带，驾乘摩托车不戴头盔，行人过街跨越隔离设施。

10. “六大危险驾驶行为”是什么(六抵制)？

答：酒后驾驶，超速驾驶，疲劳驾驶，闯红灯，强行超车，超员/超载。

11. 团结互助的基本要求是什么？

答：平等尊重，顾全大局，互相学习，加强协作。

12. 从道德的结构来看，人的道德素质包括哪些内容？

答：道德认识，道德情感，道德意志，道德行为。

13. “青年志愿者活动”坚持什么准则？

答：坚持“奉献，友爱，互助，进步”的准则。

14. 什么是“四进社区”？

答：“四进社区”是科教，文体，法律和卫生进社区。

15. “和谐社会”的主要内容包括哪些？

答：我们所要建设的社会主义和谐社会，是民主法治，公平正义，诚信友爱，充满活力，安定有序，人与自然和谐相处的社会。

16. 法制宣传教育“六进”是指什么?

答:法制宣传教育进机关、进乡村、进社区、进学校、进企业、进单位。

参考答案:

一、单项选择题

1. B 2. C 3. C 4. B 5. A 6. C 7. A 8. C 9. B 10. C
11. D 12. A 13. A 14. A 15. B 16. B 17. B 18. A 19. A
20. B 21. B 22. B 23. A 24. D 25. A 26. C 27. C 28. D
29. B 30. A 31. A 32. C 33. C 34. D 35. B 36. B 37. C
38. A 39. B 40. C 41. D 42. C 43. B 44. C 45. C 46. B
47. B 48. A 49. D 50. A 51. A 52. A 53. B 54. D 55. D
56. C 57. A 58. A 59. A 60. A 61. A 62. C 63. C 64. A
65. A 66. B 67. C 68. B 69. C 70. A 71. C 72. A 73. D
74. C 75. A 76. A 77. B 78. C 79. C 80. B 81. A 82. C
83. A 84. A 85. A 86. B 87. C 88. B 89. A 90. C 91. C
92. B 93. D 94. B 95. B 96. A 97. A 98. A 99. C 100. B
101. A 102. A 103. C 104. B 105. A 106. C 107. B 108. C
109. B 110. B 111. B 112. A 113. B 114. A 115. B 116. A
117. C 118. B 119. B 120. C 121. A 122. C 123. A 124. A
125. A 126. C 127. A 128. C 129. B 130. C 131. A 132. B
133. C 134. C 135. A 136. B 137. B 138. C 139. A 140. B
141. A 142. B 143. C 144. D 145. C

二、是非题

1. ✓

2. ✓

3. ×(走路时最好不要边走边吃东西)
4. ×(为表示对女士的尊重,应该让女士坐在后排右座)
5. ×(应该等职位高的人先伸手握手)
6. ×(开车时不可以边开车边打电话)
7. ×(红灯停是不管什么时候都应遵守的)
8. ×(用右手手掌心拍打左手手掌心)
9. ×(戴在中指表示我们已经有了意中人,戴在无名指才是已经结婚或者订婚)
10. ×(求给方便说借光)
11. √
12. √
13. ×(黄灯闪烁的时候要密切关注周围的动静,那是红绿灯交替的信号,很容易发生事故)
14. √
15. ×(不可以)
16. ×(车牌号不可以挡住,可以将那个喜字贴在其他部位)
17. √
18. √
19. ×(会)
20. ×(应该以自然光为主,人造光线为辅)
21. ×(刺激消费不是鼓励浪费,不相矛盾)
22. √
23. ×(慎独是一种情操;慎独是一种修养;慎独是一种自律;慎独是一种坦荡。所谓"慎独",是指人们在独自活动无人监督的情况下,凭着高度自觉,按照一定的道德规范行动,而不做任何有违道德信念、做人

原则之事。这是进行个人道德修养的重要方法，也是评定一个人道德水准的关键性环节）

24. ×（公民道德建设鼓励个人的合法权益和社会利益的统一，竞争能促进社会的进步，与公民道德建设中的自我牺牲不违背）

25. ×（不宜长于1小时）

附二：
交际、处事能力测试

1. 人际相处能力的测查

下面32个问题是根据国外专家的心理测验而拟成的，目的是让你大致明白自己的性情以及你是否容易相处，是否容易与他人发生冲突。请在每项问题后面的括号里填上“是”或“否”。

1. 在匆匆忙忙的上班路上，别人向你打招呼：“嘿！你好啊！”你会停下脚步，认真地回答他们吗？（　　）

2. 你是否主动地、不经思考地随便表示意见？（　　）

3. 你喜欢独自进餐吗？（　　）

4. 你看不看报上的社会新闻？（　　）

5. 你是否觉得你的3位最好的朋友都不如你？（　　）

6. 你是不是爱向别人吐露自己遭遇的挫折以及种种问题，找别人去“诉苦”？（　　）

7. 你会经常向别人借钱吗？（　　）

8. 你和别人一道出去，是不是一定要大家平均分摊费用？（　　）

9. 有时你会与朋友们谈论一些他们不感兴趣的话题，只是因为这些话题引起你的兴趣。（　　）

10. 打电话时你总是说个没完，让其他人在一旁等得着急吗？（　　）

11. 你会把自己喜欢的画片挂在办公室墙的当中吗?(　　)

12. 告诉别人一个事件时,你是否喜欢独自占用谈话时的话题,并且把细枝末节都说得很清楚吗?(　　)

13. 你肯不肯不惜金钱地招待朋友?(　　)

14. 你认为自己说话毫不忌讳的态度是对的吗?(　　)

15. 你跟朋友约会时,是否常常让别人等你?(　　)

16. 你是否经常发现朋友的短处,并且要求他们去做改进?(　　)

17. 你真正喜欢孩子(不是你自己的孩子)吗?(　　)

18. 你喜欢拿别人开玩笑,丝毫不顾及别人的心情和自尊吗?(　　)

19. 在打桥牌或玩类似的游戏时,你喜欢把牌打开再合起来并不停地反复吗?(　　)

20. 你认为中年人谈恋爱是"愚蠢"、"可笑"的吗?(　　)

21. 你确实不喜欢的人超过七个了吗?(　　)

22. 不到每个人都疲劳至极,你就不会告辞吗?(　　)

23. 你说话是不是常常用"坏透了"、"气死人"、"真要命"一类的字眼?(　　)

24. 电话接线员和商品推销员会惹得你大发脾气吗?(　　)

25. 你讲的故事总是又长又复杂,别人总是得耐下心来才能听得进去。(　　)

26. 你爱好音乐、书籍、运动,别人不喜欢这些,你是不是觉得他面目可憎、言语无味?(　　)

27. 你言而无信吗?(多想一想再回答)(　　)

28. 你是不是常常当面批评家里的人、好朋友或下属?(　　)

29. 你遇到不如意的事,是否精神沮丧、意志消沉?(　　)

30. 你自己运气坏而你的朋友成功的时候,你是不是真的替朋友高

兴?（　）

31. 你喜欢跟人聊天吗?（　）

32. 你坚持要朋友阅读你认为有趣或值得一读的东西吗?（　）

评分

把你选择的答案和下列的答案比较一下,彼此相同就得一分。得分越多,就表示你越受人欢迎,与他人产生冲突的几率越小。最高的分数当然是 32 分,但是,假使你的分数不到 32 分,你也不要认为自己不受人欢迎,只要有 21 分,你就是个很讨人喜欢的人了。

1. 否　2. 否　3. 否　4. 是　5. 否　6. 是　7. 否　8. 否　9. 否　10. 否　11. 否　12. 否　13. 是　14. 否　15. 否　16. 否　17. 是　18. 否　19. 否　20. 否　21. 否　22. 否　23. 否　24. 否　25. 否　26. 否　27. 否　28. 否　29. 否　30. 是　31. 是　32. 是

2. 你自我悦纳吗?

对下列题目作出"是"或"否"的选择。

1. 在朋友和家人眼里,你是否显得过于敏感?
2. 你是否喜欢与别人争论不休?
3. 你是否总是持批评态度?
4. 你是否容忍他人有不同观点?
5. 你是否过于易动肝火?
6. 你是否容易原谅人?
7. 你是否过于爱忌妒?
8. 你是否认真听别人讲话?
9. 你是否感到很难接受恭维?

评分

评分规则：

第1、2、3、5、7、9题为“是”，第4、6、8题为“否”。每答对一题记1分，答错不记分。将各题分相加，得出总分。如果总分在5分以上，说明你自我否定得太多了。

你的总分：

3. 社会交往能力的检测方法

这一测验可以帮助你了解自己，当面对人际交往过程中可能出现的问题时，你的处理能力如何？

1. 你正在埋头赶一件急事，你的朋友找你来倾诉苦闷，你怎么办？

   a. 放下手中的工作，耐心倾听

   b. 显得很不耐烦

   c. 似听非听，思想还在想自己的事

   d. 向他解释，同他另约时间

2. 你的朋友想向你借新买的录音机，你自己尚未好好听过，你怎么办？

   a. 借给他，但满腔牢骚

   b. 脸色很难看，使你的朋友不得不改口

   c. 骗他说你已经借给别人了

   d. 告诉他你想先用一个时期，然后再借给他

3. 在公共汽车上，你无意踩了别人的脚，那人对你骂个不停，你怎么办？

   a. 充耳不闻，任其去骂

   b. 同他对骂，甚至不惜大吵一架

   c. 推说别人挤了我，才踩到你的脚上

   d. 请他原谅，同时提醒他骂人是不对的

4. 在电影院里是不准高声喧哗的，但你的邻座却旁若无人地讲话，你感到讨厌，你怎么办？

 a. 很反感，希望别人会向这个人提意见

 b. 大声指责他们“没有修养”

 c. 叫服务员来干涉他们，或在自言自语中对他们进行指责

 d. 很有礼貌地请他们别讲话

5. 星期天你忙了一整天，把房间全部打扫干净，爱人下班回家后却指责你没及时烧晚饭，你怎么办？

 a. 心里很气，但仍勉强去烧饭

 b. 大发雷霆，骂爱人自私，要爱人自己去烧饭

 c. 气得当晚不吃饭

 d. 向爱人解释，然后邀请爱人出去吃饭

6. 某一天你家里有急事，领导不知道，要你加班，你怎么办？

 a. 人去加班，心中却埋怨领导，只是不吭声

 b. 拒绝加班，言语十分生硬

 c. 推说自己有病，不能加班

 d. 同领导商量能否不加班，如确需自己加班，就服从安排

7. 你辛苦了好几天，自以为某项工作做得不错，不料领导很不满意，你怎么办？

 a. 不耐烦地听领导埋怨，心中满是委屈，但不做声

 b. 拂袖而去，认为自己不应受委屈

 c. 把责任推给客观原因

 d. 注意自己做得不够的地方，以便今后改正

测试结果：

上述七个问题，如果你的回答多数选择 a，说明你在社会交往中处世

态度过于消极，凡事与世无争，实际上心中并不服气；如多数选b，说明你在社会交往中，自制力较差，不善于待人接物；如多数选c，说明你虽有一定的处世能力，但为人不够真诚坦率；如多数选d，说明你在社会交往中，既有较强的自制力，同时又积极上进，为人真诚坦率，是最善于解决矛盾冲突的一类人。

4. 人缘关系

假如有一天，你看见好友拎了一个你也十分喜欢的手袋，你回家后对此念念不忘，你会如何处理你的恋物相思病呢？

A. 直接问朋友在哪里买的

B. 四处探听，偷偷地买，不让朋友知道

C. 按捺自己想拥有的欲望，忘记那个东西

D. 想办法向好朋友要来

测试结果：

A. 你是大大咧咧、没有心机的人

你不会去设想他人的心情，有时敏感的人会对你产生误解，但是你很少有察觉，还是我行我素，依直觉行事。慢慢地，大家就会了解那是你的本性，并习惯适应你。

B. 你十分注意小节，而且不愿失礼

你待人处事非常客气，却会让人感到有点矫枉过正，有些虚假。实际上，你只要放松一点，不要十分拘谨，才能与朋友更亲近，没有隔阂。

C. 就你来说，生活单纯是最重要的事

你渴望能平静度日，不要与是是非非有什么瓜葛。假如有人故意来招惹你，你也会伪装成一根木头，让他人的挑衅丝毫不起作用。即便你已

内心澎湃，但外表看起来仍然心平如水。

D. 你是人缘好得不得了的人

你善与别人打交道，时常得到贵人相助，在工作中也是一帆风顺。但你还是要努力充实自己，以免把好运用完，未来的生活还是要靠实力。

5. 是否合群

在充满艺术气息的秋天，假设你与朋友首次去参观美术馆，进门后有右中左 3 个方向，你会先从哪里开始参观呢？

A. 进门后先向右行

B. 进门后直接前行

C. 进门后先向左行

测试结果：

A. 你是最通常类型的人

你不愿引人注目，可能在被划定的范围内自得其乐。你可以妥善处理个人的不平和不满，不违反大众认可的观点，能够自然地溶入其中。总而言之，你容易采取不求有功、但求无过的消极态度。

B. 你是能够直截了当表达自我欲望的人

你的行事好像缺乏计划性，常常抱着走一步算一步的信条，对事情的过程并不在乎。总而言之，你是个乐天知命的人，对细枝末节很少留意，老是缺根筋。

C. 你是十分不合群的人

说好听点是“有性格”，可事实上并不尽然。你充满反抗情绪，正因如此，你和人交往时比常人更加敏感，有时是懦弱的。概括而言，你的本质是讨厌和他人为伍，但你仍然成不了可以开辟自己新天地的那种人。

6. 人际关系

假设你走向一个熟睡婴儿的时候，他突然睁开眼睛，你以为接着他会有怎样反应？

A. 对你哭

B. 对你笑

C. 闭上眼睛接着睡觉

D. 不停地咳嗽

测试结果：

"婴儿"代表"别人"。普通人对于和别人的相处，习惯产生不安和恐惧，特别是愈没自信的人就愈严重。

选A的人：你是个十分没有自信的人，所以很害怕和别人相处，深恐泄露自己的缺陷，因此常缩在自我的壳中裹足不前。要是你能再多点儿自信，积极和别人接触，相信你会发现外面的世界更美好。

选B的人：你是个自信满满的人，交际手腕非常不错，很容易与别人打成一片。但要注意的是，不能过度自信，不能只陶醉在自我的世界中，而忽视了别人的感受与想法。

选C的人：你是个十分孤僻的人，与其与别人在一起，倒不如一个人来得快乐自在，因此根本不愿、也认为没必要踏入别人的世界。但工作是重视团队合作的，绝不能独来独往，因此你要好好调整自己。

选D的人：你是一个非常神经质的人，时常在乎人际关系，也小心翼翼地在维护这种关系。但你太在意别人的感觉和想法，会让自己精疲力竭，最好能够放松一下自己，以平常心面对人际关系。

7. 你的交往倾向于哪一类?

请对下面问题做出“是”或者“否”的回答:

1. 碰到熟人的时候你会主动打招呼
2. 你常常主动写信给友人来表达思念
3. 旅行时你常常和不相识的人闲谈
4. 有朋友来访你会从心里高兴
5. 没有引见时你很少主动和陌生人谈话
6. 你喜欢在群体里发表自我见解
7. 你十分同情弱者
8. 你喜欢给他人出主意
9. 你做事总想有人陪
10. 你很容易让朋友说服
11. 你总是十分注重自己的仪表
12. 假设约会迟到你会长时间感到不安
13. 你很少和异性交往
14. 你到朋友家做客从不觉得不自在
15. 和朋友一起乘公共汽车时你不在乎谁来买票
16. 你给朋友写信时常常诉说自己最近的烦恼
17. 你时常能交上新的好朋友
18. 你喜欢和有独特之处的人交往
19. 你认为随便暴露自己的内心世界是十分危险的事
20. 你对发表观点十分慎重

评分

评分规则:

第1、2、3、4、6、7、8、9、10、11、12、13、16、17、18题答“是”的记1分，答“否”的不记分，第5、14、15、19、20题答“否”的记1分，答“是”的不记分。

测试结果：

1—5题分数表示交往的主动性水平，得分高说明交往更偏于主动型，得分低则偏于被动型。6—10题得分表示交往的支配性水平，得分高表示交往偏向于领袖型，得分低偏于依从型。11—15题得分表示交往的规范性程度，高分表示交往讲究严谨，得分低表明交往较为随便。16—20题得分意味着交往偏于开放型，得分低就表示倾向于闭锁型，得分处于中等水平，就证明交往倾向不明显，属于中间综合型的交往人群。

因为人的气质、性格等特点不同，表现在人际关系中也有不同的类型。就像不同气质类型的人适合做不同工作一样，不同人际关系类型的人所适合的工作也是不一样的。

主动型的人在人际交往时总是采取积极主动的方法，适合需要顺利处理人和人之间复杂关系的职业，例如教师、推销员等工作。被动型的人在社交里就会采取消极、被动的退缩方法，适合不太需要和人打交道的职业，例如机械师、电工等工作。

领袖型的人有极强的支配和命令别人的欲望，在职业中倾向于管理人员、工程师、作家等工作。依从型的人就比较谦卑、温顺，惯于服从，不喜欢支配与控制别人，他们更想从事那些需要按照既定要求工作的、比较简单而又比较刻板的工作，比如办公室文员等职位。

严谨型的人有十分强烈的责任心，做事细心周到，合适的职业有警察、业务主管、社团领袖等职位，而随便的人就适合艺术家、社会工作者、社会科学家、作家、记者等工作。

开放型的人易于和他人相处,更适应环境,适合会计、机械师、空中小姐、服务员等工作,闭锁型的人适合的职位则是编辑、艺术家、科学研究等方面的工作。

8. 发掘好友

测试导语:

怎样的人能成为你的知己或是无话不说的好朋友呢?为了找出和你最契合的朋友,我们准备了下列的测试,要帮助你发掘真正的好朋友。

1. 在没有什么熟人的新班级或是新环境时:

A. 仍旧充满活力→2　　B. 感到有点可怕→3

2. 现在的成绩还过得去,但小学时的成绩十分好。

A. 是的→4　　B. 不是→5

3. 每次在外面吃饭的时候,点菜的速度总是很慢。

A. 是的→7　　B. 不是→6

4. 看电视时常常会感到"这个人好笨,如果是我的话就会这么做"。

A. 是的→8　　B. 不是→9

5. 在家闲来无事时你要:

A. 看杂志或者书→9　　B. 只想看电视→10

6. 移动电话、无线电话、手机等通讯器材,你常会拿哪一种?

A. 移动电话→8　　B. 无线电话→9

C. 手机→10　　D. 什么都不拿→11

7. 两年时间内,从没担任过班长、组长等"长"字辈的干部。

A. 是的→11　　B. 不是→10

8. 看到他人的事,常常会感到对方没有抓住要领。

A. 是的→12　　B. 不是→13

9. 假设下辈子能够选择的话，你想成为：

A. 男人→13　　B. 女人→15

10. 猫和狗，你更喜欢哪一种？

A. 狗→14　　B. 猫→13

11. 假设出租车跟地铁的车资一样，你会乘坐哪一种？

A. 出租车→14　　B. 地铁→15

12. 未来的理想是：

A. 有稳定职业，努力工作→16

B. 24岁以后想成为全职家庭主妇→18

C. 没有什么特别的理想→17

13. 十分注重流行资讯，时刻注意自己的装扮。

A. 是的→18　　B. 不是→17

14. 想去一个人旅行。

A. 是的→17　　B. 不是→18

15. 不擅长在许多人面前讲话。

A. 是的→19　　B. 不是→18

16. 认为自己时常是朋友模仿的榜样。

A. 是的→A　　B. 不是→B

17. 认为歌手要“以课业为重，即便暂时淡出演艺圈也是无所谓的”。

A. 是的→B　　B. 不是→C

18. 即便参加升旗时忽然头晕，也不会告诉旁人。

A. 是的→D　　B. 不是→C

19. 无论是功课方面或是玩乐方面，碰到不懂的事情时，不太愿意向别人请教。

A. 是的→C　　B. 不是→B

测试结果：

A型的人：轻松自在地生活，常常让人依赖，和喜欢撒娇的人较合得来。你渴望自己成为团体当中的领导者，讨厌让朋友差遣，但是你又十分害怕独处，不喜欢落单，能够和这样的你相处甚欢的是喜欢撒娇、凡事优柔寡断的女孩。假如她不能自己下决定，必定会向你求助，请你帮忙，听到她对你说“还好有你在”的时候，你就能非常高兴，这样的朋友总是可以使你获得心灵上的满足。

B型的人：个性豪爽，不希望彼此干涉，和抱持个人主义的人较合得来。你不喜欢和朋友在一起，有着强烈的个人主义，这不代表你讨厌朋友，只是不喜欢总是与大家腻在一起罢了。能和你合得来的，是像你一般重视私人空间、怀有个人主义的女孩，只在想见面时见面，从不干涉彼此的生活。在周围人的眼里，会怀疑你们的感情不好。不要在意周围人眼光，做好你自己就行了。

C型的人：喜欢和几个好朋友腻在一起，和拥有一样兴趣的人较合得来。正所谓好朋友就要一直在一起，你会和朋友一起谈论同一部电视剧或是流行的话题。这样的你最适合和拥有一样兴趣、喜欢腻在一起的女孩做朋友，假设对方和自己用同一个牌子的用品，话题就能源源不断，也就会加深你们之间的友情。你十分擅长处理事情，即便两人整天腻在一起也不会发生任何冲突。

D型的人：希望与领导型人物在一起，和踏实、开朗、活泼的人较合得来。性格优柔寡断、胆小的你，在团体里很不显眼，因为你的性格比较被动，假设别人没约你，你会一整天关在家，而实际上内心却很想出去。做事果断的领导型大姐最适合你，她能够帮你判断不能决定的事，并为你打理一切，对方会在这一过程里取得满足感，而你也感到非常快乐，这样的速配组合会使你们的感情更加牢固。

相信做完这个测试,你就会更了解自己到底和怎样的人投缘,也就能够帮助你选择朋友了。实际上我们在择友方面也不要太挑剔,能够试着结交多种类型的朋友,对自己也是很好的锻炼与提高,不要局限在自我认为很幸福的小圈子中。常言道:"多个朋友多条路。"不要吝啬你的友情,要很好编织你的人脉,这对你的发展必定有很好的帮助。

9. 取悦潜能

假如你的一位同事资历与你相同,但工资比你低,你会有怎样的感想?

A. 觉得自己很优越

B. 对他表示同情或是为他抱不平

C. 没有任何特别的感想

测试结果:

选A:你毫无取悦他人的潜能,以至于连取悦自己也不会。如果你进军娱乐界很快会失败。

选B:你一向喜欢取悦他人,他人一见到你就如沐春风。你能够向娱乐方向发展,而且会前程似锦。

选C:你有一定程度的取悦他人的潜能,但还不够。如果加强这方面的培养,必定会有前途。

10. 好相处吗

以下的四种热门影集类型,哪一种是最吸引你的?

A. 专业知识类的(例如法律或是医学类)

B. 爆笑喜剧类的

C. 都市言情类的

D. 悬疑推理类的

测试结果：

选择 A：你的好相处指数是 20 分。你对别人、对自己的要求都十分高，使人跟你相处时心理压力很大，但实际上你是刀子嘴豆腐心，对方有理时，与你以理沟通最有效，否则就用软功向你坦然认错，再大的事情也能化为小事。

选择 B：你的好相处指数是 70 分。你容易被仗势欺人的家伙压迫，总是屈居下风。虽然被利用的感觉不好，但当时气归气，过一会儿你就会淡忘掉，并不影响你对别人的信任感。

选择 C：你的好相处指数是 30 分。你所追求的是一场热恋，即便自己已经上了年纪，也渴望能再有一场轰轰烈烈的爱情。

选择 D：你的好相处指数是 99 分。在冲突发生的时候，活在自我世界的你，时常能让别人为你气结。"装死"是你的绝招，由于看淡世事人情，因此你总是闪躲矛盾冲突，试图转移对方的注意力。

11. 关系和谐

公司的员工不慎打破了会客室的花瓶，此时你正巧走来，你会有怎样的高见？

A. 先和秘书谈谈，她能替你解决

B. 没关系，我会替你想办法

C. 坏了就算了，不管它

D. 董事长人非常好，道个歉就可以了

E. 这只花瓶价值几万，真是倒霉

测试结果：

选择 A：为人谨慎，凡事会三思而行。表达欲望时，有时会因自我膨胀而让事情弄巧成拙。

选择 B：活泼型，社交力强，非常得人缘，考虑周到，让人倚重。

选择 C：自恃高，不想受人指使，不适合团队合作，是独当一面的独断派。

选择 D：十分浪漫，美的感受特别强，思考直觉型，易情绪化。

选择 E：常常急躁、怨恨不满，重财轻义，人际关系不很圆滑。

12. 个性测查

下面这个测验可以帮助你了解自己是否属于容易害羞的人，还是很处世圆滑，抑或是能够和人相处融洽。只回答是或否就可以。

1. 如果有个人你很不喜欢，你会和他来往吗？
2. 你喜欢热闹杂乱的度假胜地胜过于安静人少的地方吗？
3. 你喜欢参加派对、跳迪斯科或去吵闹的酒吧吗？
4. 旅行或度假时，你很容易结交新朋友吗？
5. 你乐于见到久别重逢的朋友吗？
6. 你曾经在火车上主动与陌生人攀谈吗？
7. 你喜欢举行派对或晚宴吗？
8. 你喜欢过一个热闹的夜晚胜过安安静静地呆在家里吗？
9. 你热衷于派对中的团体游戏吗？
10. 你叫得出大部分邻居的名字吗？
11. 你有很多朋友或认识不少人吗？
12. 你很喜欢参加派对中的游戏，无论赢不赢都无所谓吗？
13. 你喜欢接触人胜过于电脑吗？
14. 你喜欢帮助别人吗？

15. 参加晚宴时，女主人端出一道菜，你觉得很难吃，但为了礼貌，你仍会吃它吗？

16. 你寄圣诞卡给你自己并不欣赏的人吗？

17. 你曾经被封为“派对中不可缺少的灵魂人物”吗？

18. 你喜欢认识陌生人吗？

19. 走进一个全是陌生人的房间，你觉得自在吗？

20. 你喜欢小孩吗？

21. 你喜欢写信胜过打电话吗？

22. 你很喜欢交朋友吗？

23. 路上遇见讨厌的人。你会装作视而不见吗？

24. 你经常会有很多的朋友在家做客吗？

25. 你很在乎别人对你的看法吗？

测试结果：

每一道题回答“是”得一分，回答“否”不得分。

如果你的分数是16—25，你是一个标准的社交专家。你喜欢交际，并且乐于与人为伍。置身在群众当中，可能是你最快乐的时候。

如果你的分数是8—15，虽然你喜欢与人为伍，不过一旦派对过于狂热时，留下来或提前走掉对你都没有什么差别。你的忍耐并不是没有限度的，因此，你宁愿跟一两个至交度过一个充实的夜晚，也不愿意消磨在一个无聊的聚会上。即使一个人单独过也可以，你并不会感到寂寞。

如果你的分数是7以下，你是个独行侠。你宁愿整个晚上看一本书或坐下来看电视节目，或做点别的事，也不愿意出去跟别人凑热闹，你很能享受独处的快乐。

■ 13. 你的交际能力测试

心理学家把社交能力归纳为 3 种：①较早期的看法是把社交能力看成是一些社交技巧。例如，社交能力强的人善于从别人的面部表情、行为举止辨别其内心感受；对环境有过人的洞察能力，知道在什么社交场合采用哪些应变方法；能够与别人容易地相处，了解别人的心理状态。②把社交行为的后果作为社交能力的指标。③把社交能力视为达到社交目标的能力。社交能力强的人，懂得预先计划社交行动，不断观察沟通过程，同时评估不同的解决问题方法的利弊。

下面是交际能力测试题：

1. 在与权威人士说话时，我感到紧张。
2. 我害怕在会上表述自己的意见。
3. 在一个新环境里，我可以接连好几天不说话。
4. 一般来说，我是个害羞的人。
5. 与一大群朋友在一起，我常感到孤寂或失落。
6. 我担心别人对自己有什么坏印象。
7. 我总是尽力使别人赏识自己。
8. 我经常暗自思慕异性。
9. 我对自己的仪表(容貌)缺乏信心。
10. 不是迫不得已，我绝不求助于人。
11. 我同别人的友谊发展，多数是别人采取主动。
12. 参加集会，我总是坐在熟人旁边。
13. 我喜欢与电脑打交道，而不是与人。
14. 我宁愿写信而不使用电话与别人联系。
15. 我常常担忧别人怎样看待我。

16. 我不轻易对别人作出评价。

17. 当我心烦意乱时，我通过工作来排遣。

18. 我在演讲时太紧张，以致把那些确实知道的事都忘了。

19. 在公共场合讲话，我不敢看听众的眼睛。

20. 我在演讲时，身体的某些部位非常紧张和僵硬。

测试结果：

每题均有两个测试结果，即“是”和“否”。答一个“是”得 1 分，答“否”得 0 分。得分在 16 分以上表示交际能力亟待提高；11—15 分表示交际能力一般；6—10 分表示交际能力较强；5 分以下表示交际能力非常强。

以下是专家们对希望提高交际能力者的建议：

1. 认真阅读有关提高交际能力的书籍；虚心向交际能力较强者学习交际经验。

2. 注意留给别人的第一印象。言谈、举止得体，有礼，不卑不亢。

3. 学会恰到好处地赞美别人。

4. 真诚待人。

5. 洞察别人的内心感受，因人制宜地与之沟通。

14. 为人处世你该注意啥

为人处世是人生的必修课，尤其年轻人在当今交往频繁人际关系复杂的社会里更是如此，也许你自己根本没有觉察到什么，而你平时的言行举止，处事模式早已在朋友那里打上了深深的烙印，想知道自己究竟在哪些方面讨人嫌，哪些方面必须注意吗？那就来测试一下吧！为日后的人际交往找个参考。

1. 你觉得自己有自恋倾向吗？

是的→2　　　　不是→3

2. 睡觉前你有吃水果的习惯吗?

是的→3　　　　不是→4

3. 你能够很安静地独处吗?

是的→4　　　　不是→5

4. 你喜欢周星驰的电影吗?

是的→5　　　　不是→6

5. 在朋友中间你是活跃分子吗?

是的→6　　　　不是→7

6. 无论做什么事情都会制订计划吗?

是的→8　　　　不是→9

7. 你对自己的长相很满意吗?

是的→9　　　　不是→10

8. 你喜欢手工制作吗?

是的→11　　　　不是→12

9. 你会至少一种乐器吗?

是的→12　　　　不是→13

10. 经济上,你经常会捉襟见肘吗?

是的→13　　　　不是→14

11. 你喜欢玩暴力的网络游戏吗?

是的→15　　　　不是→14

12. 你觉得自己有坚韧的意志吗?

是的→16　　　　不是→17

13. 你能充分自由地安排自己的业余时间吗?

是的→17　　　　不是→14

14. 你养过花吗?

是的→17　　　　不是→18

15. 你爱看动画片吗?

是的→18　　　　不是→19

16. 你平时喜欢自己修理些小玩艺吗?

是的→F　　　　不是→18

17. 你觉得自己是不是古道热肠?

是的→D　　　　不是→21

18. 你觉得会有很多异性暗恋你吗?

是的→E　　　　不是→21

19. 你的感情特别脆弱吗?

是的→C　　　　不是→20

20. 和朋友在一起时,你总是那个提建议的人吗?

是的→B　　　　不是→C

21. 约会时你是否经常迟到?

是的→A　　　　不是→D

测试结果:

A:你要注意的是别太随意,你的个性直爽活泼,很容易因为和对方混熟了之后就变得讲话太随便了,自以为这样就是和对方特别亲密,稍不留意就把别人的丑事当成乐趣说出来。千万记住哟,很多人是不喜欢在众人面前丢脸的。

B:你要注意的是千万不要吹捧你比较有领导才能与组织能力,自认为身上充满了领袖特质,在朋友面前往往一副盛气凌人的样子,指挥别人干这个干那个,特别的自以为是,千万记住,朋友敬重你但绝不代表着就愿意为你做牛做马,别忘了为人要谦虚一点。

C:你要注意的是别太依赖在朋友中间你的口碑很好,无论谁的建议你都有很高的配合度,这并不是因为别的什么原因,而是因为你太没主见,喜欢依赖别人罢了。这样时间久了朋友们则会因为你的犹豫不决和过度依赖而觉得麻烦,你应该学着做事果断些。

D:你要注意的是别太鸡婆了,你在朋友中间显得格外热心,也很为大家服务,但却经常的头脑发热,往往还没有搞清楚事情的来龙去脉时就已经投入其中了,结果却是帮了倒忙,反而给别人制造麻烦,所以千万别太鸡婆了,帮别人之前先过过脑子,考虑一下自己的实力。

E:你要注意的是别老是装可爱,你是个特别怕麻烦的人,总是喜欢在朋友面前撒娇,装着一副楚楚可怜的样子。希望能因此博得别人的同情与呵护,不过你要记住,偶尔为之也无伤大雅,但经常地装可爱难免会让人起一身的鸡皮疙瘩。

F:你要注意的是不要太倔犟,你为人处事非常地固执,很容易对某件事产生刻板的印象。而且是见了棺材也死不掉泪。你这种死不认错的顽固脾气常常让人不知如何才好,这一点在日常交往中,你必须注意,为人处世态度要温和些,多多包容不同的想法才对,这个世上不光只有你一个人是对的。

15. 你对谁总是笑脸相迎

谁说收入和产出是成正比,至少在感情上,永远没有这样的公式。真心对待你的人,你可能不屑一顾,反而某些在情感上与你毫不相干的人,可能由于种种主观意愿或客观必然的缘由,让你倾注了更多的心思。那么,测试一下,你总是对谁笑脸相迎?

1. 你几乎是随心所欲惯了。

是的→2　　　　不是→4

2. 你是否有适当压抑过自己的情绪？

是的→3　　　　　　　　不是→5

3. 当你对周围环境感到不满或不适应时，你是否会表现出来？

是的→6　　　　　　　　不是→4

4. 有没有让你由衷感到自豪的朋友、恋人或者家人？

是的→5　　　　　　　　不是→6

5. 你会为了成全别人，而作出一定程度的牺牲、退让。

是的→8　　　　　　　　不是→7

6. 你是一个善解人意的人吗？

是的→7　　　　　　　　不是→9

7. 总是轻视和自己不一样的观点。

是的→9　　　　　　　　不是→8

8. 很重视家庭亲人。

是的→12　　　　　　　　不是→10

9. 你对任何人都是尊敬的。

是的→10　　　　　　　　不是→11

10. 你是一个很自私的人。

是的→11　　　　　　　　不是→12

11. 你宁愿吃点亏，也不想和讨厌的人打交道。

是的→D　　　　　　　　不是→B

12. 对自己人和外人很明显是双重标准。

是的→C　　　　　　　　不是→A

测试结果：

A. 几乎所有人

你是一个缺乏安全感的人，被排除在外的状态会让你无所适从。你需要被喜欢、被接受，但是你不认为自己拥有让人惊艳并渴望接近的特质，所以，在一定程度上，你不得不勉强自己，迎合他人，隐藏起自知不讨喜的情绪。你已经克制到如此的地步，因此，你再无力承受他人的挑剔，只会使自己陷入无比的哀怨与沮丧之中。

B. 利益攸关的人

你并不擅长或者说不习惯攻于心计，若是城府够深的话，你不会表现得如此明显。只能说你自恃太高，又太不拿别人当回事。为了利益，即便是你深恶痛绝的人，你也能当着他笑靥如花，装得不露痕迹。可以这么讲，只要有足够的好处，你不介意和魔鬼交易。但是对于没有利害冲突的人，你则完全变了一副模样，七情六欲全写在脸上，全然不在意他人的感受。

C. 喜欢、在乎的人

你算是活得比较自在、随性的一类人，与他人的评价相比，你更加在意自己的心情。当然了，你还是很注重营造一个相对良好的社交氛围，基本上，你对人通常是善意而且和颜悦色的，尤其对于你在乎的人，你的表现几乎是无可挑剔的。但是，当面对令你反感的人和事，你可没那种好修养去委婉、周旋，厌恶之情全然表露在外，才不管有没有令对方难堪。

D. 讨得自己欢心的人

你是个性比较强烈的一类人，好恶全写在脸上，有时候，明明知道只要稍微克制或忍耐一下，就可以获得一个很完满的收场，但你偏偏就不愿妥协。你像是一个被宠坏的孩子，不肯受一点委屈，任何不满都要表露出来，让对方知道。并不会因为是亲近的人而有所不同，反而更加肆无忌惮，好像认定了对方不会离弃你，根本是吃定他们。

16. 人际交往协调能力鉴定

在社区集体中或者办公室中，你是一个让人感觉愉快的人吗？我们都生活在团体中，而人际交往则是与团队成员公共关系的基础。想要看看你的人脉关系是否过硬，那就来测试一下吧。

1. 如果你是一个大一新生，一次偶然的邂逅，你喜欢上了一个比你大很多的校友前辈，你们交往了很久之后才知道他已经成家了，你会如何处理这段感情呢？

坚持跟他好下去→3

立刻终止这段感情→2

2. 暑假里，你抽到一张国外游往返机票，旅行地是澳大利亚或意大利，你希望去哪个国家呢？

澳大利亚→4　意大利→3

3. 如果你是一位新生代作家，一份时尚报纸请你写专栏，你会写哪种类型的文章呢？

都市白领的感情生活→4

旅行札记→5

4. 如果你发现你的好朋友正在策划如何陷害班长，你会如何做呢？

立刻告诉班长→6

虽然不赞同这种做法，还是站在好朋友这边→5

5. 假如你捡到一条名贵的小狗，会怎么办呢？

赶紧带回家→7

在原地等失主→6

6. 暑假里有以下两份兼职工作正等着你，你会选择哪一个？

幼儿园美术老师→8

手机促销员→7

7. 假如你在逛街时偶遇心仪已久的明星，你会怎样呢？

赶紧索要签名或跟偶像合影留念→8

围上去仔细看看→9

8. 如果你是一个刚刚从电影学院毕业的新人,你希望出演的第一个角色是什么?

命运坎坷的女一号→10

搞笑的女三号→9

9. 如果有一位相貌英俊的聋哑男子对你表示爱慕之情,你会如何应对呢?

对他的好意说谢谢,表示只愿与他成为普通朋友→11

一口回绝→10

10. 外出旅行,你最担心的是什么事情呢?

吃不到对胃口的东西→11

交通是否便利→13

11. 好朋友失恋了,你会如何陪她度过这段郁闷的日子呢?

一有机会就开导她鼓励她→12

尽量将就她,陪她哭陪她笑→B型

12. 你无法在预定时间内完成朋友拜托之事,会如何解释呢?

直接说明自己没有完成事情的原因→F型

说自己得了重感冒,所以才没时间做事→13

13. 如果你是一家礼品店的店员,这天有一位害羞的男生来买送给女朋友的礼物,你会推荐什么给他呢?

温暖的抱抱熊或纯银首饰盒→C型

搞怪玩具或女巫帽→14

14. 假如你在乘车的时候看见一个小偷正在掏老婆婆的钱包,你会怎么做呢?

立刻大喊"抓小偷"→A型

狠狠瞪着小偷或暗示老婆婆→15

15. 如果你是一位实习护士,你希望照顾哪种病人呢?

儿童→E型　老人→D型

测试结果:

A型　协调力:★★★★★

直爽型的你有话就说,绝对不会半遮半掩,只要你察觉到自己有可能给交往对象造成误会,一定会极力节制,哪怕当众向对方认错,也不会觉得不好意思,随着交往时间的加深,朋友们将越来越信任你,就算偶尔犯点小错或发发急性子,大家还是很能体谅你的。

B型　协调力:★★

害羞的你越急越不知该如何表达自己的意思,你在交际中的协调能力还有很多不足。因为太要面子,所以你不愿直面棘手问题,常常选择逃避现实的做法,结果把人际关系搞得一团糟,惟有撇开脸面,大胆说出自己的想法,正确面对错误,你的人际关系才会更加融洽。

C型　协调力:★★★

你是和平主义者,个性柔弱,缺乏果断的判断力,在该表明立场的时候表现得过于含糊,这类型的你协调能力也有一些问题。人际交往中的你不妨站在别人的立场上看待事情,不要受困于自己的小观点和狭隘意识,多跟充满行动力的人谈谈,学学人家的交际手段。

D型　协调力:★★★★

你有点含蓄,属于爱动脑子但不太喜欢说出自己观点的人,你在为人处世上的态度并不够坚持,风吹两边倒,表面上跟大家处得都不错,实际上哪边的人都觉得你不是自己人,你的协调能力有些小问题,只要你能直抒己见,相信大家还是肯给你一个澄清事实的机会。

E型　协调力:★★★★★

你有强烈的自我表现欲,喜欢关心比自己更弱小的人,这样一来,你才觉得自己比较独立,比较强势,你有一定的交际手腕,处事圆滑,协调能力也很不错,你应该注意提升自己的实力,不要满口大话,人际交往并不只是靠手段,必要的时候也要看看你的真实水平哟!

F型　协调力:★★★★★

总是笑容满面的你很会替他人着想,无论朋友遇到什么困难,都能从你这里得到或多或少的帮助,大家都对你赞不绝口,你的协调能力是一流的。你为他人分忧难免会给自己带来一些不便,好在你可以从烦乱中找到平衡点,这也是你广受众人好评的重要原因所在哦!

17. 测试你人际关系圆滑度

懂得人情世故,并不是代表你戴着面具来对待人生哦!适当的圆滑些,不仅能让对方很开心,自己在人际交往中也会产生交际需要的满足心理。你的社交手腕到底如何,能叫全世界向你献殷勤吗?快快来考验一番吧!

(请计算你得分的"★"的总数,每个★为1分哦)

1. 闺中密友过生日,你会送她什么礼物?

   A. 送自己最喜欢的东西→★

   B. 认真考虑她是否会喜欢,然后再决定送什么→★★★★★

   C. 送她比较实际也很实惠的日常用品→★★

2. 不是很熟悉的人向你提出借你一个月工资(一个月零花钱)的总数,你会如何对待?

   A. 心里想就算他不还也没有关系,大方地借给他→★

   B. 借给他,但是以后常常提醒他还钱→★★★

C. 婉言推辞，不想借给他→★★★★★

3. 到了月底已经是囊中羞涩，这时候朋友约你出去玩，你会怎样对待？

A. 车到山前必有路，先出去玩了再说→★★★★★

B. 用“我没有钱了”一口拒绝→★★

C. 看能否借到钱再考虑是否应约→★

4. 朋友突然到访，这时屋子里乱七八糟的，你会怎样对待？

A. 说一句“太乱了，对不起”，把朋友让进屋里→★★

B. 让朋友先在附近茶吧里等等，自己收拾好了再请他进来→★★★★★

C. 立刻带着朋友出去玩，不在家中停留→★★★★

5. 有人约你去参加公益活动，你会愿意吗？

A. 非常愿意→★

B. 找借口回避→★★

C. 虽然没有什么兴趣还是勉强答应→★★★★★

6. 送新年贺卡时，你都要送给谁？

A. 只送给非常熟悉的人，如果不太熟悉的人送我，我再回送一份→★★★★

B. 不论是否熟悉，只要认识的人，我都会送一份→★★★★★

C. 从来不送→★

7. 有人放你鸽子，你会怎么想？

A. 如果理由充分，那么可以理解、接受→★★★★★

B. 不管有什么理由，突然取消约会就是不对的，不能原谅→★★

C. 以后也放他一次→★★★★

8. 走在你前面的人突然痛苦地蹲了下去，你会怎么办？

A. 热心地上前询问：“没事吧？”→★★★★

B. 很好奇地看看他到底在做什么→★★

C. 照常走自己的路，不理他→★

9. 如果你的家人反对你跟恋人在一起，你会怎么办？

A. 不管谁反对，都要将爱情坚持到底→★

B. 和他/她秘密行动，双方都不会伤害→★★★★★

C. 认真考虑一下大家的意见→★★★★

10. 在你遇到困难时，你会请求什么人帮助你？

A. 找一两个真心的朋友→★★

B. 无所谓，感觉谁能帮就去找谁→★★★★★

测试结果：

总分≤12 分：A 型

你是不受人情世故束缚的人。

你总是用冷静的、理性的思维方式思考问题，所以对电视剧里那种廉价、赚人眼泪的情节毫不动心。也许从某种角度上说，不轻易流露感情是优点，但有时也是你缺乏想象力的表现。比如说，没谈过恋爱的人可能就不了解失恋的痛苦。这就是说，你的不懂人情世故可能是因为你经验不足造成的。在平日里试着找些机会练习一下吧。

13≤总分≤22 分：B 型

你不是不懂得人情世故，只是过于正直而容易招损。

你是不是很难张口说出一些客套话或者恭维话？另外，你这个人很清高，不愿意为迁就他人而说谎。所以，当别人穿了一身新衣服或者梳了一个好发型而希望得到赞赏的时候，你却脱口而出“这不适合你”。这样，你就很难和别人交往了。但是你并不是没有朋友，只是很少，他们都是十分欣赏你的正直品质的人。不管怎么说，你要特别珍惜你身边的朋友。

23≤总分≤34分:C型

你非常看重人情世故,也很善于处理这方面的问题,但有时你也会陷入人情的纠葛之中。对自己原本感到厌恶的人,却要装出一副笑脸,有时候自己也感到恶心。这种心理最好不要介意,否则你只会给自己徒增痛苦。你重视人情世故是因为你的内心太寂寞,并且害怕大家远离自己而装出来的。学会坚强一些,你会发现对自己处理人际事件的能力更有信心了!

总分≥35分:D型

你对人情世故的规律了如指掌,因此也拥有非常多的朋友。你富于共性的特质,别人哭你也哭,别人笑你也笑,表情随时都在变化。你也非常认真,丝毫不认为这是在演戏,只是条件反射,不知不觉地感受到了别人的心情。需要提醒的是,有时,这只是你自以为是的想法,是你强加给对方的感情,在对方看来也许反倒是一种负担。因为你过于在乎别人的感受,所以在做决定的时候往往会受到他人意见的干扰。

18. 你的社交障碍是什么?

1. 如果你是老板,你会如何管理?

   a. 纪律严明,强调高效率　　b. 让员工自我管理

   c. 交给别人管理

2. 你喜欢哪种运动方式?

   a. 有氧舞蹈　　b. 跑步机

   c. 每一种都使用

3. 你如何整理旅行箱?

   a. 请家人帮忙　　b. 想到什么放什么

   c. 先写一张清单,然后一一准备

4. 你希望怎样过生日？

a. 和朋友一起狂欢　　b. 和情人在一起

c. 和平常日子没两样

5. 假如你是演员，你有什么设限？

a. 不拍穿泳装或只穿内衣的戏　　b. 不拍接吻的戏

c. 不拍全裸的床戏

评分

(a、b、c后的数字为得分，将所有得分相加)：1. a5、b0、c3；2. a5、b3、c0；3. a3、b0、c5；4. a0、b3、c5；5. a0、b3、c5。

测试结果：

得20分以上者为A型——你过于刻板、不够圆滑，你在人际关系方面几乎是一无所有。因为绝大多数的人对你并不认同，你只能孤军奋战，独自面对挫折，独尝成功的滋味，没有人分享。

得13—19分者为B型——你是一个没有自信且不懂得自我肯定的人，总是显得畏首畏尾，好像永远都在担心这个、害怕那个。你常常把别人的玩笑话当真，要不就是容易自怜自艾。

得6—12分者为C型——你似乎只和认识不久的朋友关系较好，一旦进一步了解之后，双方的关系反而变淡。其实那是因为你过于热心和付出的结果，让对方有一种想逃的感觉。

得5分以下者为D型——你的漫不经心和不负责任让别人对你的印象大打折扣，在别人眼中，你是一个没有诚信的家伙，没有人愿意和你真心交往。

19. 测测你的说话技巧

说话时的态度,可以直接影响别人对你的看法,骄傲的态度容易激起别人的愤怒,过分的低声下气又会被人讥为懦弱。因此,不管在任何场合,你都需要注意自己的谈话技巧。

1. 好友向来不修边幅,这次更是一身邋遢地出现,你会对他说什么?

你是不是想令生人勿近? 打扮一下好吗? —2 分

你怎么穿成这样,快去换件衣服吧。—1 分

你这样子穿,很可爱。—0 分

2. 同事心血来潮烫了个新发型,回来问你好不好看,你怎样说?

不予置评—2 分

若搽上定型水,一定迷死人—1 分

这发型很适合你—0 分

3. 相熟的按摩师以新的手势为你做推拿,但你完全不觉得舒适。你会如何向他示意?

有礼貌地说:请轻力一点。—1 分

只是大叫:哗! —0 分

不客气地说:放轻一点,太大力呀! —2 分

4. 你认为自己说话有多诚实?

言语间从不轻易得罪人。—0 分

为了不令人听了不悦,偶尔会说善意的谎言。—1 分

有话直说。—2 分

5. 你将新爱人介绍给好友认识,见面后情人说直觉你的好友不喜欢他。事实上,好友的确对你的爱人无甚好感。你听了情人的话会如何回应?

是真的,你没见到刚才你说笑时,他那副不以为然的样子吗? —2 分

傻了。他只是对陌生人比较慢热吧。—1分

你这个笨蛋。你看不出他很喜欢你吗？—0分

6. 一位有业务往来的客户向你表示好感，并问你要家中电话，你会怎么对待：

当面跟他说你对他无感觉。—2分

把电话号码给他，但心里却盼他别打来。—0分

跟他说他虽然不错，不过你是从来不跟业务上认识的异性约会的。—1分

7. 请完成下列句子：若真相会给他人造成伤害……

那也没办法。—2分

那就不说出来。—0分

那就把话说得好听一点。—1分

8. 热爱音乐的他，为你弹奏一曲，你听了觉得他不是搞音乐的料子。当他询问你意见时，你说：

这不是我喜欢的音乐，低音部分很重。—1分

很好！你有资格灌录唱片。—0分

亲爱的，你千万别辞了正职不做哦。—2分

9. 上司听闻有人对公司不满，于是向你打听真实性，你如何回应？

有谁会想离开公司啊？—0分

最近有人频频去见工。—2分

我不太清楚，不过，的确有同事不满意新的管理层。—1分

10. 假设你是一名时装店售货员，遇上一位有大肚腩的顾客，你会说：

用皮带束紧一点就行了。—0分

很好看，不过，你或者该将裤头拉低一点？—1分

我们没有你的尺寸。—2分

测试结果:

16分或以上

“老实”不是你待人处事的策略,你以自己诚实而自豪,但老实已成为你手中的“机关枪”,随时可以伤人,令人难堪。你以为有话直说就是老实,但事实上,这只是你踩别人的一种手段,见人不开心你就会心凉。如果你说话有技巧一些,能多顾及别人的感受,人家才会把你的话听得入耳。你必须分清楚直率和鲁莽是两回事。不妨易地而处想一想,若别人以同样方式对你,将有何感受?如何控制这份直肠直肚的个性?你必须试图说服自己,不将真相道出,并不代表你不诚实,你这么做只是在帮人而已。例如,朋友问你“我的裙子好看吗?”若她的打扮明明并不怎么样,可以这样回答。“很好呀!不过我还是觉得你那套红色套装的剪裁好一点。”这句话就很有技巧地把应说的话说了出来,但又不会令人难受。这样人们才不会被你“口无遮拦”的说话吓坏。

8—15分

你很圆滑,是外交高手,直率却不讨厌,说话不会叫人听了难受,所以,大家事无大小都爱向你讨教意见。你何以如此懂得说话的技巧?可能是因为你聪明、明白事理,懂得为他人设想,知道怎样说话才不会伤人。你既诚实也敏锐,说话的分寸拿捏得很准,坦白而善解人意,是个人见人爱的人。

7分或以下

你十分害怕说实话会让人留下不好的印象,所以为了赢得他人的欢心,你经常说些无伤大雅的谎言。你渴望全世界的人都是你的朋友,所以常会想办法说些你以为别人爱听的话,哪知道到头来却害了自己。没有人会跟你交心,因为你经常掩饰自己的事实感受和想法。不要再虚伪了,否则就没有人再理会你。警惕自己不准再撒谎,每天记下自己说谎的次数，这样你就能看清自己有多“虚伪”。不妨奖励一下老实的自己，一周说谎不超过三次就给自己买份礼物，以此慢慢戒掉撒谎的习惯。诚实才会受别人尊重，得人欢心。

20. 你是交际高手吗

人们在工作中往往要与很多人打交道，有的人在人际交往中如鱼得水，而有的人却平平淡淡，你是个人际交往高手吗？

做做下面的测试，你会有新的发现。

你在社交场所受欢迎吗？

请结合你自己的情况考虑下面的问题，回答“是”或“否”。

1. 你喜欢参加社会活动吗？
2. 你喜欢结交各行各业的朋友吗？
3. 你常常主动向陌生人做自我介绍吗？
4. 你喜欢发现他人的兴趣吗？
5. 你在回答有关自己的背景与兴趣的问题时感到为难吗？
6. 你喜欢做大型公共活动的组织者吗？
7. 你愿意做会议主持人吗？
8. 你与有地方口音的人交流有困难吗？
9. 你喜欢在正式场合穿礼服吗？
10. 你喜欢在宴会上致祝酒词吗？
11. 你喜欢与不认识的人聊天吗？
12. 你喜欢在孩子们的联欢会上扮演圣诞老人吗？
13. 你在公司组织的集体活动中愿意扮演逗人笑的丑角吗？
14. 你喜欢成为公司联欢会上的核心人物吗？
15. 你曾否为自己的演讲水平不佳而苦恼吗？

16. 你与语言不通的外国人在一起时感到乏味吗?

17. 你与人谈话时喜欢掌握话题的主动权吗?

18. 你与地位低于自己的人谈话时是否轻松自然?

19. 你希望他们对你毕恭毕敬吗?

20. 你在酒水供应充足的宴会上是否借机开怀畅饮吗?

21. 你曾否因饮酒过度而失态吗?

22. 你喜欢倡议共同举杯吗?

评分

本测验的答案并无正误之分。只是一般情况下,擅长于社交的人会倾向于以下答案。

1. 是 2. 是 3. 是 4. 是 5. 否 6. 是 7. 是 8. 否 9. 是 10. 是 11. 是 12. 是 13. 否 14. 是 15. 否 16. 否 17. 是 18. 是 19. 否 20. 否 21. 否 22. 是

主要参考书目

[美]尼伦伯格、卡莱罗:《怎样洞察别人》,浙江文艺出版社,1987 年 7 月第 1 版

[美]朱迪 · C. 皮尔逊:《如何交际》,陈金武、朱家麟、黄星民译,湖南人民出版社,1987 年 5 月第 1 版

[美]R. 康克林:《说服力——化敌为友的方法》,尹良富等译,复旦大学出版社,1991 年 8 月第 1 版

[美]戴尔 · 卡耐基:《人际关系实用手册》,田婧等译,科学普及出版社,1991 年 9 月第 1 版

[美]戴尔 · 卡耐基:《美好的人生　快乐的人生》,肖云闲编,中国文联出版公司,1987 年 12 月第 1 版

[日]石川弘义:《如何说“不”》,周逸鸣译,西北大学出版社,1987 年 10 月第 1 版

王伟峰:《办事的艺术》,重庆出版社,2007 年 1 月第 1 版

张静波:《读心术:人际交往中的心理策略》,中国社会出版社,2012 年 1 月第 1 版

陈超:《口吐莲花——实用社交论辩术》,中国人民大学出版社,1992 年 4 月第 1 版

刘朝胜、田爱录、胡文新:《怎样说最幽默》,中国地质大学出版社,1993 年 1 月第 1 版

熊源伟、余明阳:《人际传播学》,中山大学出版社,1991 年 9 月第 1 版
吕钦文:《现代交际艺术》,东北师范大学出版社,1993 年 12 月第 1 版
章志光:《心理学》,人民教育出版社,1984 年 11 月第 1 版
伶俐:《处世与口才》,黄山书社,1995 年 3 月
潘肖珏:《公关语言艺术》,同济大学出版社,1989 年 7 月
邱章乐:《人心可测》,安徽教育出版社,1989 年 4 月第 1 版